谨以此书向这位巨星致敬！

AAMIR KHAN

阿米尔·汗

[印] 普拉迪普·昌德拉 著
陈昊 译

人民日报出版社

图书在版编目（CIP）数据

阿米尔·汗 /（印）普拉迪普·昌德拉著；陈昊译著 . --北京：人民日报出版社，2021.3
ISBN 978-7-5115-6537-2

Ⅰ.①阿… Ⅱ.①普…②陈… Ⅲ.①阿米尔·汗—传记 Ⅳ.① K833.515.78

中国版本图书馆 CIP 数据核字 (2020) 第 167654 号

First published in English language in 2014 by Niyogi Books India
Text & Photographs ©: Pradeep Chandra unless otherwise acknowledged
All rights are reserved. No part of the publication may be reproduced or transmitted in any form or by any means, electronic or mechanical, including photocopying, recording or by any information storage and retrieval system without the written permission and consent of the Publisher.

The simplified Chinese translation rights arranged through Rightol Media（本书中文简体版权经由锐拓传媒取得 Email:copyright@rightol.com）

著作权合同登记 图字 01-2020-4114

书　　名：	阿米尔·汗 AMIER HAN
作　　者：	（印）普拉迪普·昌德拉
译　　者：	陈　昊
出 版 人：	刘华新
责任编辑：	林　薇
装帧设计：	观止堂 _ 未氓
出版发行：	人民日报出版社
社　　址：	北京金台西路2号
邮政编码：	100733
发行热线：	(010) 65369527　65369846　65369509　65369510
邮购热线：	(010) 65369530　65363527
编辑热线：	(010) 65369526
网　　址：	www.peopledailypress.com
经　　销：	新华书店
印　　刷：	安徽新华印刷股份有限公司
开　　本：	787mm×1092mm　1/16
字　　数：	272 千字
印　　张：	19
版次印次：	2021年5月第1版　2021年5月第1次印刷
书　　号：	ISBN 978-7-5115-6537-2
定　　价：	118.00 元

> 阿米尔·汗在位于班德拉的家中休息,他身后的画为萨尔曼·汗所赠

目 录

001 前言
001 作者自序
001 引言

001 巴利山：孟买的比弗利山庄
"充满生命力。
暖意融融。
表面粗粝，
内心柔软。"
——阿米尔·汗口中的孟买

015 家族谱系
"我的名字叫穆罕默德·阿米尔·侯赛因·汗。"

031 阿米尔·侯赛因·汗的诞生
回忆的队伍
今日出发
经过我的心门
梦中的唢呐
呼唤往日时光
流经我的心门

043 《冷暖人间》：邻家男孩的塑造
"我从某种程度上来说是个叛逆者，逆潮流而行。
十二年级毕业后，我就选择辍学。所有人都劝我别这么做……
现在回想起来，我很高兴自己当初做了那样的决定。"

061 一个纯粹的电影人是怎样炼成的
"拍电影就像打仗，得站到前线去，才能引导战事。"

079 《印度往事》：首次担当制片人的苦痛
"我就给阿素托史立了一条规矩：'不要妥协。
不要事后再告诉我，当初这样做就好了。
你想要什么，就一定要做到。'"

097 阿米尔·汗
作者：拉乌夫·艾哈迈德

111 有备而来的演员
"我不模仿任何人，我走自己的路。"

129 他的旋律
作者：纳伦德拉·库斯努尔

143 第二幕：进军严肃电影，开启导演生涯
"电影有自己的生命，就像一匹野马，如果你不懂得驾驭，就会被它牵着鼻子走。"

185 以家为重
"我感到自己非常有福气，能够拥有如此可爱的家人，他们通情达理、敏感体贴、充满爱心又踏实可靠。"

209 关于阿米尔·汗的常识
作者：马扬克·谢卡尔

219 《真相访谈》：写给印度的情书
"这档节目深得我心。我相信我们需要这类节目来讨论和处理问题，而在我们的社会中，许多问题都遭到掩盖。"

235 卓越颂歌
作者：维卡斯·昌德拉·辛哈

253 回声
作者：拉伊纳

255 后记
258 电影作品年表
272 致谢

前　言

拉贾特·夏尔马

阿米尔·汗："执迷不悟"者

初识阿米尔·汗是在我主持的电视节目《你的法庭》的录制现场。那是1998年夏天，他的影片《古拉姆》刚刚上映。走进演播室时，他穿着紧身背心皮夹克，戴着机车手套，一副浪子派头。录制过程中，阿米尔应观众的要求唱起《共游肯达拉》，这首歌当时风靡全国。随后，他讲述起自己为表演片中特技差点丧命的故事，让演播室里的所有人都震惊不已——为了让影片看起来更真实，阿米尔跃至行驶中的火车前，在最后的毫发之间得以脱身，才没有被火车碾死。他对工作就是如此痴迷。

当普拉迪普·昌德拉告诉我他在做一本关于阿米尔·汗的画册，我觉得此事颇具挑战性。阿米尔的生活中有太多色彩，想要在一本书中将其全部呈现几乎不可能。与此同时，我又对普拉迪普的能力很有信心。我们二人相识已有30余年，与他共事的记忆总是令人愉悦。在我任《旁观者》杂志主编期间，他是我最欣赏的摄影师。

20世纪90年代初，我们制作了一篇关于阿米达普·巴强（印度著名影星）的封面报道，普拉迪普不仅拍出了一批出色的照片，还收集到许多关于这位巨星生平的有趣逸事。几年后，我着手一篇关于德鲁拜·安巴尼和努斯里·瓦迪亚的封面报道，那是这两位商界巨鳄之间打得最惨烈的一场战争，几乎找不到两人的好照片，这两位也从不让任何摄影师近身。截稿的那晚，普拉迪普与我一起在办公室熬到半夜，但我们没有可用在封面上的照片。第二天一早，我就要搭飞机去伦敦。普拉迪普告诉我："老板，别担心，放心去吧，我会搞到照片。"他信守诺言，当真交出德鲁拜和努斯里的精彩照片。

AAMIR KHAN

1985年6月,我制作了一期关于昌德拉斯瓦米(具有争议的"性力派"教士,被许多人称作"神人")的封面报道,那是对这个骗子的首次全面曝光。昌德拉斯瓦米显然气得发疯。我得知他在孟买会见名人,于是有意做一次后续报道,因而需要图片支持,但我手下的记者和摄影人员都无法接近他,普拉迪普再一次挺身相助。他不仅设法搞到昌德拉斯瓦米的照片,还拍到影星拉杰·巴巴尔和丝米塔·帕蒂尔造访这个饱受争议的骗子的画面。从照片中可以看到,拉杰和丝米塔给昌德拉斯瓦米带了午饭。

我知道普拉迪普喜欢具有挑战性的事情,他痴迷于自己的相机,照片就是他的生命。正因如此,他的摄影作品非同一般,他的每张照片都讲述了一个真实的故事。

我同样知道,阿米尔·汗很少把关于自己的报道和图片放在心上。他可能是唯一一个拒绝在杜莎夫人蜡像馆竖蜡像的人。为制作他的首档电视真人秀节目《真相访谈》,对一些隐匿于社会中的痼疾予以鞭挞,他停接商业活动,损失近10亿卢比。除了阿米尔,谁还有这样的勇气?正是这些造就了阿米尔·汗与其他电影明星的不同之处。他无疑是最成功的演员之一,但从来不耍巨星派头。他热衷于用自己的创造才能向公众传递信息,却并不想利用自己的明星身份进入政界或成为全职活动家。阿米尔有着智慧的头脑、独特的人格。

我仍记得他提及过的关于拍摄《印度往事》的逸事。他说,贾韦德·阿赫塔尔告诉他拍这样一部电影简直是自杀。阿米尔曾经找贾韦德为影片作词,看完剧本后,贾韦德告诉他,这绝对是一部票房大败的电影。阿米尔答道:"贾韦德先生,我要拍这部电影是受到内心的指引,如果你不想写,没有问题,我不会不高兴。"贾韦德说:"既然你决定破釜沉舟,让我也出一份力。"结果,《印度往事》票房大卖。不仅仅《印度往事》是这样,阿米尔每次打算拍一部新片,某个亲近的人都会告诉他,后果一定一团糟。阿米尔开始为《芭萨提的颜色》进行筹备时,他的姐姐警告他说,关于巴加特·辛格(印度独立运动中对抗英属印度最有影响力的社会主义革命者之一)的电影已经有四部,再拍一部同样题材的片子肯定不会成功,阿米尔没听劝告。后来,《芭萨提的颜色》获得巨大成功。

当阿米尔把《地球上的星星》的题材告诉友人,大家的反馈都是:听起来像一部关于读写障碍的纪录片。他们告诉他:"这次你肯定要翻船。"结果影片收获满满,证实了阿米尔与其信念的正确性。

阿米尔之所以成为成功案例,是因为他相信自己。他从内心出发,思考问题,用头脑指挥自己的行动。工作时，他全身心投入，与外界隔绝。阿米尔在《未知死亡》一片中扮演的角色每15分钟就失忆一次，阿米尔告诉我，拍完那部片子以后很多天，他还是常常忘记人脸和事情。2013年的某期《你的法庭》节目中，他讲述自己在《印度往事》中扮演布万以后，在很多天的时间里都习惯采取双腿分立、挺胸抬头的姿势，就像布万在影片中那样。

在影片《三傻大闹宝莱坞》中，44岁的阿米尔扮演了一个大学生，让我吃惊不已。他控制饮食，花大量时间在健身房里，并且让自己找到青少年的状态。他体重下降，脸上的荣光却丝毫未减，让我十分惊讶。阿米尔总是能量饱满，我问他秘诀是什么，他带我去见他在孟买的饮食专家维诺德·A.杜兰达医生。医生给我做了几项检查后，给出的建议颇为复杂。他要求我大幅减少热量摄入，同时又让我每两小时进食一次，采用由鸡蛋、饼干、水果、碳水和蔬菜构成的健康食谱。这对我来说太烦琐了，阿米尔把我带回他家，坐在地上花几分钟时间列出了一份详细的饮食计划。我永远也忘不了他的热心和人情味。当然，这份饮食计划对我奏了效，我在四个月的时间内体重减了10公斤。我至今还欠着阿米尔这份人情。

对朋友的信心一直是推动我前进的动力，我相信读者们一定会发现普拉迪普这本关于阿米尔·汗的书不同于一般的画册。

（作者系印度电视台总编辑）

作者自序

在我坐下开始书写关于"有思想"的演员阿米尔·汗的想法时,我发现冥冥之中我与他早已有着联系,并且注定要写这本书。

几十年前,在我还是学生时,就认识了拉杰·科斯拉,他当时在拍摄影片《两条路》,找不到合适的摄影师拍剧照。他看了我给拉杰什·康纳拍的照片后,问我能不能给他的影片拍剧照。他将自己的禄莱福莱120mm双反相机和一个2.8f镜头给了我,让我接下来一周去梅赫布影棚的拍摄现场报到,拉杰·肯南(印度知名电影男演员)和蒙塔兹(印度知名电影女演员)正准备录制歌舞片段《一切美景都藏匿让我做何言》。

后来,他的侄子博卢·科斯拉发现我没有冲洗这些照片的设备,于是科斯拉家的人在拉杰的车库里给我搭了个暗房,而拉杰家就在马里纳公寓——阿米尔从小就住在同一栋楼里。在为本书做调研期间,我发现拉杰的女儿里娜·科斯拉与阿米尔小时候是很亲密的玩伴。拉杰经常叫我去家里喝酒,我们弹奏手风琴,唱K.L.赛加尔(印度歌手)的歌。有次他问我:"你会写东西吗?"并给我看了一本关于女性服装的书。他说我一定要周游全国,拍下女性穿着各种传统服饰的照片,记录相关信息,然后写一本书。那应该是第一次有人建议我出书,而今天,在我书写关于印度电影界最具传奇色彩的演员之一的故事时,仍无法忘记拉杰当初的预言。能够写一本关于他女儿儿时玩伴阿米尔·汗的书,真是个美丽的巧合。拉杰·科斯拉是我的第一位雇主,我与他合作了影片《两条路》,也参与了《我的村庄,我的国家》的制作,从某种意义上来说,这本书也是向拉杰致敬之作。

虽然我的事业从电影界起步,而且我发表的第一张照片拍的是演

AAMIR KHAN

员瓦希达·拉赫曼，但我必须澄清，我并非电影记者，也不是电影摄影师。我一直与《印度快报》《印度时报》集团、《自由新闻报》《独立报》《印度画报周刊》《一周》等报刊合作。

我首次为阿米尔拍照是在他的银幕处女作《冷暖人间》的发布会上，最近一次拍摄是在YRF影棚，影片《幻影车神：魔盗激情》的音乐发布会现场。这些年来，我与他有过几次交流，并为不同刊物对他进行过多次拍摄。

在我供职《印度快报》期间，我在《银屏》杂志的同事告诉我，戴夫·安南正在印度板球俱乐部为影片《真爱无敌》进行拍摄。我连忙赶到现场，就在那里，戴夫向我介绍了阿米尔。我与戴夫相识已数十年，我们关系十分密切。我为阿米尔和戴夫·安南拍了许多照片，后来刊登在《印度快报》上。

早年间，电影拍摄现场对媒体没有限制，因此，摄影师和记者在片场是受欢迎的。那些年，我在《爱爱爱》《讲心不讲金》《为爱痴狂》《情侣风尘》《恐怖是恐怖》《爱在旅途》和《忠肝义胆》等影片的片场为阿米尔拍过照。那时候，制片人和导演很乐意与演员一起摆姿势拍合影，如今潮流变了，现在的电影都是秘密拍摄，避免演员在片中的形象曝光，直到上映时才邀请媒体参与宣传活动。

有一次，我在清晨很早的时候前往珠湖海滩（孟买高档社区）拍摄自行车赛，吃惊地发现阿米尔也在，他正在调整自己的车，准备参加从珠湖骑到班德拉的水獭俱乐部的比赛，为的是给自己即将上映的影片《情比金坚》进行宣传。这则图片报道刊登在G杂志上，由巴瓦娜·索马亚（印度著名电影记者、评论家、作家和历史学家）编辑。遗憾的是，这些照片大部分都不在我这里，但是该系列中有几张被我找出来，用到了本书里。

1991年1月，我与普里提什·南迪合作编辑《印度画报周刊》，其间我们讨论下一期应该用谁做封面。我们想用一个来自电影圈里的人，因为已经做过太多政界话题的封面故事。南迪说："阿米尔·汗很酷。"而这句话后来成为这篇报道的标题。体育记者桑迪普·班姆扎伊当时刚从《印度快报》转到我们这里来工作，他奉命做这篇报道。桑迪普问："让我做吗，先生？我可是个体育记者。"南迪答道："别做井底之蛙，你能行！正因为你不是电影记者，才有不一样的视角。"这一次，我又见到了阿米尔·汗。

还有一次，在拉乌夫·艾哈迈德任《电影观众》杂志主编、我供职于《一周》杂志期间，他问我能不能拍一些塔希尔·侯赛因与阿米尔的合影。我刚来孟买到电影杂志《超级》工作时就认识拉乌夫了，他是这本杂志的出版人，后来又转而为印度图书出版集团创刊《电影》杂志。他常派些兼职的拍摄任务给我。拉乌夫是少有的几个具有很好的视觉感受力的编辑之一，因此我一直乐于为他拍摄。

我来到塔希尔·侯赛因家里，他叫我不要拘束。我们正聊着，阿米尔走了进来，他衣着干练，衬衫掖在裤子里，头发梳得很整齐，看起来神采奕奕，笑意盈盈。他让我想起戴夫·安南。我们拍了些照片，多半是捕捉情绪，而不是为了把人拍得光鲜亮丽。我们选了几个场景，比如，他的家中、周边区域以及他的座驾旁边。这时走过来一个女孩儿，想跟他合影。阿米尔同意后，我也给她拍了几张。那次的拍摄令人十分满意。

影片《古拉姆》拍摄期间，负责公共关系的拉金德拉·饶邀请我前往孟买安泰里东的梦幻乐园为歌舞片段《共游肯达拉》的录制现场拍摄照片。我花了一整晚的时间，这些照片后来刊登在《孟买时报》的封面上。我还把其中一张照片借给片方，用于影片的海报。

在为《每日新闻与分析报》工作期间，我与阿米尔接触过几次，我发现他是个特别热心的人。我们在纳西尔·侯赛因的别墅为他和伊姆兰·汗拍照，用在《每日新闻与分析报》的头版上。我们还在菲莫斯影棚进行过一次拍摄，是一个关于孟买的专题，他坐在台阶上，一边喝茶吃印式辣土豆汉堡，一边看书。我叫他看镜头，他说："我一边读书一边看镜头，实在是太做作了！"我必须提一下他有多爱吃土豆汉堡，拍摄的路上我就给他买了一些，还带了一个小杯子用来喝茶。还有一次，在他位于孟买卡尔区的办公室进行拍摄时，我在电梯里撞见他，他正开心地嚼着三明治。我的编辑阿亚兹·梅蒙让我要一张有他签名的电影《未知死亡》的海报。这次的照片同样登上《每日新闻与分析报》头版。

阿米尔一直都很配合摄影师。为庆祝影片《冷暖人间》公映25周年，他在电影城举办了一场新闻发布会，还切了一个小蛋糕。阿米尔邀请其中一位摄影师——普拉迪普·班德卡尔上台与他一起切蛋糕，因为有好几年他在各个重要场合都看见普拉迪普在为他拍照。这一举动体现了这位演员感性的一面。

编写此书，并在此过程中了解演员与偶像身份之后的这个人，是一段悠长且美妙的旅程。

引 言

> 爸爸说他会名扬天下,
> 我的儿子会大有作为,
> 但是这个,谁又知道,
> 我的目标,它在何方……
>
> （电影《冷暖人间》插曲）

没人能够简单概括"阿米尔·汗"这一品牌——这位印度电影界的偶像仍在银屏上和现实中谱写着他多彩的人生篇章。他不仅仅是位超级巨星,更是位超级演员,或者更准确地说,他两者皆是。他能从军人（影片《为爱毁灭》）变成大学生（《三傻大闹宝莱坞》）,再摇身一变而为美术教师（《地球上的星星》）,同时又把每个角色都变成他自己。你把视线从阿米尔身上拉远,然后聚焦在他刻画的角色身上。阿米尔可能是印地语电影界近十年来唯一一个实现参演作品百分之百得到公映的演员。你可以称他为特立独行者,也可以叫他市场天才,但有个事实是不变的,那就是,阿米尔·汗的招牌是成功的代名词。他同时也是具有敏锐判断力的制片人和导演。阿米尔与中国的孙子一样,熟习《孙子兵法》中的战术,知道如何观察等待,抓住时机,一举消灭所有敌手。

在近100年来的印度电影发展史中,每25年就会出现一个人,成为改变电影业走向的强大力量——比如,先驱电影人达达萨赫布·法尔克,或是迪利普—拉杰—戴夫三人组的银幕形象,又或是像拉杰·肯

AAMIR KHAN

> 达达萨赫布·法尔克（1870—1944），印度电影界的先驱

> 阿米达普·巴强

南和阿米达普·巴强这类红极一时的超级巨星。每个人都对电影史的发展做出了贡献，并开辟了一个新的纪元。在印度电影界最近的 25 年里，阿米尔·汗将这些才能合为一身，并铭刻上自己的独特印记，把印度电影带到一个新的维度。第一个 25 年里，我们见证了集歌手与演员于一身的一批明星的崛起。第二个 25 年里，有才华的演员统领影视圈，变身演员兼制作人。如今他们不断探索新媒介，以便在公众视野中保持热度。明星们代言快速消费品，出现在电视上，并且在国外的舞台上演出。

阿米尔·汗的电影生涯从早期的《冷暖人间》开始，他在片中扮演的形象令无数少女倾倒，后来，他跨越多界，大刀阔斧地重新塑造自己的形象。今天，印度电影界正在实现另一场巨大转变，以吸引全球观众，而阿米尔·汗是这一过程中马力十足的主力军。他是最令人生畏的霸主，是声名显赫的演员、制片人、导演、在电视上发声的斗士，同时还是印度旅游局"不可思议的印度"形象宣传大使。他所得的奖项不计其数，成就已无法以奖项的形式来衡量。作为一名超级巨星，他从大批影迷那里获得丰厚回报。他推广影片的营销策略百发百中地获得成功。

> 阿米尔在电影《幻影车神：魔盗激情》第一首歌的发布现场

AAMIR KHAN

> 8 岁时，阿米尔在纳西尔·侯赛因导演的影片《西方的回忆》中作为童星首次出镜

我们追随他的轨迹，看看这位来自星光之城的充满活力的勇者，如何在二十几年的时间里成为一名偶像。他是来自孟买的典型的"班德拉小子"。阿米尔·汗无论从事何事，都以他的诚实与正直引人钦佩。小的时候，他深受自己电影世家的背景影响，还与印度政体之间有着悠远且不为人知的联系，这一联系可以追溯到印度独立战争期间。他是自由斗士毛拉阿布·卡兰·阿扎德的后代。他在孟买班德拉西区的巴利山（相当于印度的比弗利山庄）长大，练就了马哈拉施特拉邦级水准的网球技艺。

然而，后来还是对电影的热爱占据了上风。8 岁的时候，他就在著名电影人纳西尔·侯赛因（阿米尔的伯父）的影片《西方的回忆》（1973）中初次亮相。他还在《人生旅途》和《强壮》的拍摄现场协助伯父，并在正式出道以前，于 1984 年在友人柯坦·梅赫塔的影片《胡里节》中扮演了一个戏份较少的角色。他想要先把电影制作的门道摸清楚，然后再踏上征程，成为印地语电影圈最有造诣且最受追捧的演员之一。他在影片《冷暖人间》（1988）中的银幕处女秀赢得了10亿人的心，该片如今被奉为印度电影史上的经典之作。阿米尔的巧克力男孩形象可能是帮助他在电影界立足的工具，但是一连串的挫败让他采取迂回战术，重新谋略，让自己得以继续维持成功的英雄形象。阿米尔有时被冠以"印度的汤姆·汉克斯"之名，他成功涉足各个种类的电影。他的魅力吸引了全世界的观众，让他们纷纷买票入场观看影片。

> 阿米尔在电影《冷暖人间》里与玖熹·查瓦拉搭档，正式出道，赢得10亿人的心

AAMIR KHAN

　　自从他在印地语电影圈起家以来，这位"有思想的宝莱坞先生"就一直发挥着巨大的影响力。他知道自己的品牌很有分量，并且具有足够的责任心，从事一些令自己今日名望更盛的事业。早年的经历塑造了他的性格，对他影响很大。生命里的一些女性改变了他对完美的追求，但她们都没有公开自己的身份。这些女性对他的公众行为造成影响，他从她们的思想中汲取力量，因此，他在电视上发起的大型改革节目的第一期便是针对女性堕胎问题。他承认自己生命里的多名女性为他做出了贡献，不论是公众还是私人生活中。

　　作为演员，他涉猎多个影片类型，用冒险精神证明了自己的多方位才能。在过去十多年里，他的表现堪称完美，不论是在《抗暴英雄》和《印度往事》之类的历史片中，还是在《心归何处》之类的当代影片中，或者是在《艳光四射》和《古拉姆》中饰演的浪子角色——他所扮演的形象各具特色，且具有可信度。他成功地触及了一些敏感的主题，比如，阅读障碍（《地球上的星星》）以及当下教育制度存在的问题（《三傻大闹宝莱坞》），后者成为印度电影史上最卖座的影片之一。作为一名制片人，他大力支持新生代电影制作人，比如，怀揣《自杀现场直播》那样的好剧本、需要一个平台来讲述自己故事的新人，以往很少有超级巨星如此这般地去支援其他电影人。在他身为制片人的生涯里，他实现了又一次转变，引入《德里囧事》这种新的电影类型。他涉足的电视《真相访谈》节目，因直击社会现实问题而受到观众认可。

　　他主演的《印度往事》一片于2001年代表印度角逐奥斯卡，获最佳外语片提名。2010年，墨尔本电影节期间放映他的《自杀现场直播》时，主办方称他为"宝莱坞的约翰尼·德普"。他说："印地语电影应该成为世界上最好的电影，每次提到优质电影的时候我都会强调这一点。"阿米尔甚至还在国外的大学里做关于印度电影的演讲。

> 阿米尔在"2008年印度创新大奖"现场向观众致辞

　　他早期有些电影并不成功，这些失败的经验带给他一些严酷的教训，教会他并不是所有的东西都能获得票房认可。他熟练掌握了重塑自我的技能，按自己的规则行事，并在行业内不断建立新规则。如今，他挑选的项目几乎全是赢家。阿米尔一次只拍一部电影，而其他同僚则是在多个项目之间周转。他立下只接受定稿剧本的规则。他健康清新的外形促使其他同僚也前往健身房，修炼六块或者八块腹肌。他还引领了拒绝领奖的风潮！如今有许多演员也这样做，但做出这一开创先河的决定还要归功于阿米尔。即便多年以后，他仍然坚持自己不接受奖项的立场。

　　他走的是经典的"演技派"路线，在片场常常与合作的明星展开辩论、提出疑问、推敲逻辑，令他们十分恼火。他提出一部电影背后真正的英雄是写作者，应该认可他们的重要性。他直言不讳："我希望开办一家写作学校，让写作者有充分的自由来表达自己的创造性和想象力。对写作者进行的压迫和剥削只能导致不真诚的作品，并最终催生没有灵魂的烂片，这就是我担心的事情。"

AAMIR KHAN

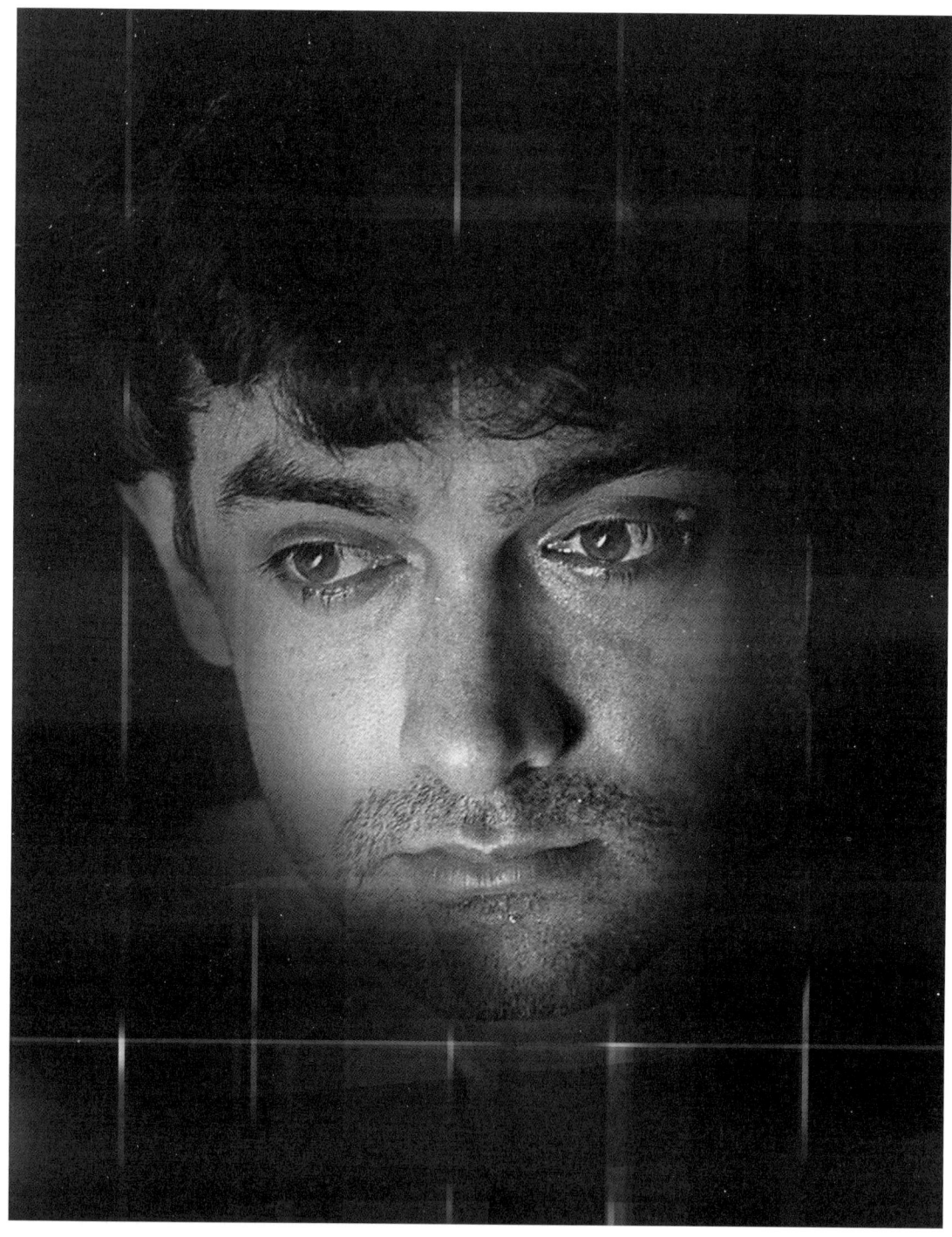

> 午夜为影片《古拉姆》拍摄歌舞片段

> 2013年，阿米尔·汗作为世界最具影响力百人之一登上《时代周刊》封面

AAMIR KHAN

今天，阿米尔·汗在人们眼里是成就斐然的演员和稳当可靠的电影制作人，但同时也是具有影响力的公众人物。他那富有感染力的性情也在电影之外的领域发挥作用。作为一名可信度极高的明星，他推动那些能够对人们产生影响的事业，从而为自己的品牌更增价值。在经过一番深思熟虑以后，他为"拯救纳尔默达运动"（反对在纳尔默达河上修建大坝的社会运动）发声，表达对梅达·帕特卡（印度社会活动家，该运动主要发言人）的支持。他对局势和问题进行了仔细调查，然后才向该运动团体提供公开援助。他因自己的行为而遭受抨击，即将上映的影片《为爱

> 《三傻大闹宝莱坞》中歌舞片段《一切都好》的剧照

毁灭》也在古吉拉特邦遭禁，就连资深女演员兼活动家莎巴娜·阿兹米都对他发起攻击。当他的肖像遭到焚毁之时，电影圈里没有一个人发出任何警报，但总理曼莫汉·辛格向他伸出了援手。阿米尔一直在默默支持由安纳·哈扎尔（印度社会活动家）发起的《公民监察法案》运动。对困扰国家的棘手话题，其他明星都一直保持沉默，阿米尔与他们不同，他果敢坚定地采取行动。他不是那种仅仅为某项事业上演一场"娱乐慈善秀"之后就消失的人，而是积极参与并引领行动。他为人道主义事业提供的支持，是一名对人民有价值的公众人物所做出的真诚努力。

2013年5月，阿米尔·汗入选《时代周刊》杂志全球年度最具影响力百人名单。这个名单已设立十多年，对所选人物的积极行动、创新行为及成就进行嘉奖。《时代周刊》执行主编理查德·斯坦格尔称："'时代百人'名单列出的并不是世界上最有权力的人，也不是世界上最聪明的人，而是世界上最具影响力的人。他们当中有科学家、思想家、哲学家、领袖、偶像、艺术家和梦想家。这些人用自己的思想、见识和行动改变着世界，并对众多的人产生影响。"他

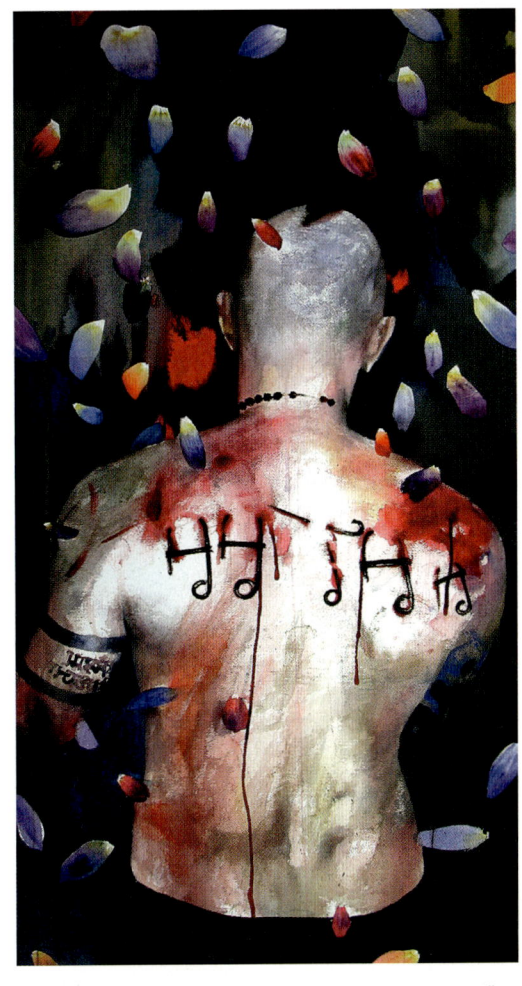

> 萨米尔·蒙达尔的画作，刻画了阿米尔在影片《未知死亡》中的形象

的名字与世界级的大人物并列在一起，包括美国总统奥巴马之类的政界要人以及好莱坞著名演员。4月23日，在纽约林肯中心举办的《时代周刊》盛会上，几名好莱坞演员也在现场，其中包括三次获奥斯卡奖的演员丹尼尔·戴－刘易斯，他近期因在史蒂文·斯皮尔伯格2012年导演的影片《林肯》中扮演主角而获奖。

　　人们总是对名人的私生活充满好奇，阿米尔也不例外。他的个人隐私时不时地会卷入八卦旋涡。同为肉身凡胎，他的经历也少不了高潮与低谷，但他总是继续前行，永不回头。阿米尔在这个疯狂世界中活得游刃有余，令人钦佩，靠的是他对自己的信念——无论是否有友人的支持。他有过两段婚姻，育有三个子女，他对自己的婚姻从未觉得有理亏之处，这是隐私，并不值得陷入公共讨论。在他以英雄形象登场之前，与里娜·杜塔的婚姻是他保守最严的秘密。面对争议，他总是表现得十分坦然——不论是弟弟费萨尔遭拘留，还是与已故父亲塔希尔·侯赛因的争吵，抑或是与某些关系亲密的合作明星之间的分歧。迄今为止，他没有对任何记者就自己的个人隐私"倾吐衷肠"。

　　阿米尔努力维护自己的公众形象，只在必要时一点一点地将自己暴露出来。他是完美的市场营销大师，这在近几年的印地语电影界十分罕见。作为一名楷模，他似乎精心营造出自己的一席之地。作为一名坚毅的表演者，崇拜他的并不仅仅是他的影迷，他还赢得同僚的尊敬，包括一些新晋当红明星以及一些竞争者。这名演技派演员谈及竞争者的作品时总是能清晰地传达自己的意思，而更多的时候他选择对这些作品视而不见。确实有许多事情被遮掩了起来，但他孩童般的笑容能够盖住所有非议，以维护他精心营造的形象。阿米尔在公共平台回应那些攻击他的人，但他从未出言不逊。阿米尔·汗行事隐秘，将一些个人与公共事务保密至分毫不露。

　　但谁都无法否认，阿米尔是个有远见的人，他的品牌仍在不知不觉中演变，就像影片《三傻大闹宝莱坞》中那段著名的歌词：

鸡不知道蛋的前程，

会孵化或者被人吞……

没人知道未来怎样……

轻颤你的双唇，哨声吹走烦闷

哨声吹走烦闷

呼喊一切顺利……一切顺利。

　　阿米尔·汗可能会被叫作他所饰演角色的名字，比如，拉杰、布万，或者是一些昵称，比如，"完美先生""超级玩家""金童"，但在自己的生活中，他可不是什么新手。他是众人眼中那样的隐者吗？他是个严肃的人还是相处起来十分有趣？童年时期的影响为何总是在他身上显现？他已经长大成人还是仍怀揣一颗童心？在本书中，我们试图揭开这位票房大亨的秘密，这是对这位多面的演员、制片人、导演、偶像、业余活动家和形象大使的致敬，这些身份汇聚成一个完美的集合体。他走的是不寻常之路，不论是在虚拟世界还是在现实世界。本书旨在谱写一段关于我们这个时代最可爱的明星的回忆。

巴利山：
孟买的比弗利山庄

充满生命力。
暖意融融。
表面粗粝，
内心柔软。
——阿米尔·汗口中的孟买

AAMIR KHAN

孟买是印度的电影之都。自现代电影之父达达萨赫布·法尔克出现在前沿至今，孟买已经诞生多部青史留名的影片。今天，印度电影已经有 100 多年的历史。不时有奋斗者们来到这座城市，来实现自己成为演员、制片人、音乐家和作家的梦想。那时候的孟买有着无数小块区域，明星们在这些区域里建起高墙围蔽的舒适别墅，以维护自己的隐私。最终，这些梦幻庄园变成陌生人、追星族和当地人眼中的地标，他们在这些区域中游走。那时候，最早被明星占领的区域之一是班德拉西区的巴利山。沿着西面的阿拉伯海海岸线，许多明星建起他们阔气的家园。

> 迪利普·库马尔、拉杰·卡普尔和戴夫·安南

> 阿米尔在影片《芭萨提的颜色》宣传活动现场

AAMIR KHAN

> 通往迪利普·库马尔与妻子萨拉·芭努所居别墅的入口

这片区域为他们的明星身份提供了庇护。高大宽敞的别墅散布在山上圣母圣殿、联合公园和卡特路周边的山坡上，一直延伸至巴利纳卡的哈尔区。1953 年，迪利普·库马尔（印度知名电影男演员）在该区一条林荫小道上建了一座大房子，成为入驻这里的第一位明星。追随他脚步而来的明星有戴夫·安南（印度著名电影男演员）、玛杜芭拉（印度电影女演员）、拉金德拉·库马尔（印度电影男演员）和苏尼尔·达特（印度电影演员、制片人、导演和政治家）。再之后，蕾娜·罗伊（印地语宝莱坞女演员）、柏兰（印度男演员）和维诺德·梅赫拉（宝莱坞男演员）也来到这里定居。今天，班德拉已经成为郊区女王，这里居住着印度三位名为"汗"的巨星。最近，阿米尔·汗在他的节目《真相访谈》中说道："班德拉是公认的安全郊区，我必须提醒你们，电影界的三个'汗'都住在这里，一个是《慷慨之心》里的（沙鲁克·汗），一个是《艳光四射》里的（阿米尔·汗），还有一个是《保镖》里的（萨尔曼·汗）。"这些名人互相邻近，但又在各自的豪华居所中过着完全隐秘的生活。

> 迪利普·库马尔是最早选择以巴利山为居所的演员之一

> 心胸宽广、天性快活的萨尔曼·汗

> 阿米尔在孟买帕雷尔区的 ITC Grand Central 酒店

阿米尔·汗

> 在孟买阳光沙滩酒店放松休息

AAMIR KHAN

　　1954年，梅赫布·罕（印度著名电影导演）在山的另一侧建起著名的梅赫布工作室，另一个地标才宣告诞生。阿米尔的父亲和伯父来到这座城市后，也决定在班德拉落脚。1962年，纳西尔·侯赛因在距离迪利普·库马尔家不远的地方建起古雅的别墅，如今已有50余年历史。自从纳西尔·侯赛因和塔希尔·侯赛因两兄弟来到孟买以求在印地语电影界成名，这里就成为这个星光熠熠的家族充满活力的聚集场所。2012年，纳西尔·侯赛因的孙子、演员伊姆兰·汗将这座著名的别墅翻修以后搬了进去。阿米尔·汗与全家人一起在这里庆祝了儿子阿扎德的一岁生日。如今，阿米尔仍住在同一片住宅区里。

　　塔希尔·侯赛因与拉杰·科斯拉（著名制片人兼导演）住在该区同一栋建筑中，童年的阿米尔就住在这里，观察力超强的他汲取了来自电影界的各种不同的影响。这片地区住着古勒扎尔和阿南德·巴克希之类的作家、明星、制片人以及派雷拉之类的音乐人，已经赢得"孟买的比弗利山庄"的标签。临海大街上坐落着已故的拉杰·肯南（印度知名电影男演员）的居所"祝福"，这是卡特路上又一处著名的地标。传奇音乐指导那夏德·阿里曾经居住在这片区域，他去世后，这条路改名为那夏德·阿里路。其他曾在卡特路落脚的名人还有"悲剧皇后"米娜·库玛里和"票房常青树"拉金德拉·库马尔，女演员丽娜·昌达瓦卡在嫁给基肖尔·库马尔（印度音乐人兼电影人）之前也住在这里。

　　你一定很好奇，为什么住在巴利山对电影明星来说具有如此特殊的意义？因为这里的居民都是富人，让人有一种特权感。明星们从20世纪50年代初开始迁往这片居住区，以便躲避噪声与人群。在戒备森严的庭院中，他们能够与家人一起享受私密生活。电影明星不介意在影院被前来观影的人群包围，但在生活中，他们想要居住在隐蔽的地方，隐姓

> 影坛常青树戴夫·安南是阿米尔的银幕偶像

埋名,安宁度日。女演员尼图·辛格单身时也住在巴利山,即便在与同为明星的里希·卡普尔(演员、导演兼制片人)结婚之后,她也仍然住在这里。如今,二人住在一座名为"克里希纳·拉杰"的大别墅里,别墅是以里希·卡普尔母亲的名字命名的。他们的儿子、演员兰比尔·卡普尔也跟他们住在一起。演员姐妹卡瑞诗玛·卡普尔和卡琳娜·卡普尔也在附近的海景公寓里有自己的居所。住在梅赫布工作室附近的其他电影界名人还有天后瑞哈、"宝莱坞之王"沙鲁克·汗、资深女演员瓦希达·拉赫曼、"大老板"萨尔曼·汗、演员杰奇·史洛夫以及制片人兼导演萨伯哈什·哥亥。

AAMIR KHAN

> 乐观向上、充满活力的沙鲁克·汗

　　电影界一张张新鲜的面孔来到这里定居，期望获得一顶明星光环或者一片安宁。这片郊区见证了阿米尔·汗家族的兴盛，阿米尔成名之后，仍在这里进行投资，这也佐证了明星在享受名望的同时，也要承担相应的包袱。演员阿米尔·汗将永远是这片美丽郊外住宅区的著名住客，究竟是他为这里添彩，还是能够成为这片宝莱坞房产的一分子是他的幸运，并无定论。大多数电影家族对特定方位、场所和数字的选择十分迷信，比如，电影界有些人把安南录音棚视为他们的福地，阿米尔恐怕也是如此。但这位巨星远不仅仅是个标准的"班德拉小子"，他已经上升至更高的高度，而这还只是他的品牌演变的开始。如今，他已开始打造自己能够流传后世的作品。

今天，阿米尔在班德拉巴利山的家园"Bella Vista"已经是一处著名的景观。然而，在前些年，迪利普·库马尔的别墅还是指引方向的地标。在2009年拆除以前，他的居所一直被视为班德拉上一个时代遗留下来的财产。他与妻子萨拉·芭努（印度女演员）如今仍是班德拉的忠实居民，他们住在同一条街上娜希姆·芭努（萨拉·芭努的母亲，印度女演员）的居所里。

阿米尔出生在希尔路上的圣家医院里。他先是在小阿瓦拜学校读书，后来进入圣安妮学校。婚后他仍然在同一片区域生活和工作。他的两部票房大卖的作品——《地球上的星星》和《未知死亡》的混音都是在安南录音棚完成的，离他家只有几步之遥。这家录音棚的老板是他的银幕偶像戴夫·安南，二人曾在《真爱无敌》一片中有过合作，戴夫的住宅已经改建为一座大厦。阿米尔一直对戴夫温文尔雅的风度和严于律己的品格崇敬不已。这片区域和谐地共居着来自各种宗教背景的人，某种意义上说，"班德拉小子"是这个国际化社区的产物，这里是思想进步的天主教、拜火教、伊斯兰教和印度教家庭共同的家园，所有人和平地生活在一起。

家族谱系

"我的名字叫穆罕默德·阿米尔·侯赛因·汗。"

AAMIR KHAN

　　一个人的性格,在很大程度上是由他的生活阅历以及至亲之人的影响力塑造而成的,这些影响力可能给人带来启发,也可能发挥别的作用。血缘也会融入一个人的个人魅力当中。就阿米尔·汗来说,他的祖源来自两个完全不同的世界——政界与电影界。他显赫的政治血统可以追溯到毛拉阿布·卡拉姆·阿扎德,英国统治期间的自由斗士。另一方面是艺术创造方面的世系,通过他的父亲塔希尔·侯赛因和伯父纳西尔·侯赛因在家族中活跃流传。如今的汗家族中包括他最爱的堂兄曼苏尔·汗、堂姐努扎特,还有弟弟费萨尔、姐姐尼克哈特和妹妹费尔哈特。阿米尔是电影人塔希尔·侯赛因和妻子齐娜特的第二个孩子,也是长子。 尽管阿米尔与毛拉阿布·卡拉姆·阿扎德之间的关系不甚为人所知,但他对这一联系十分骄傲,他与妻子基兰·饶用这位曾伯祖父的名字为儿子取名为阿扎德·饶·汗,从这一点就可以看出。为了向自己的祖源和家族致敬,他在姐姐尼克哈特 50 岁生日时做了一件特别的事情以示庆祝。他送给她一件无价之宝——毛拉阁下五段演讲的录音复制本,是他从印度国家档案馆找到的。这是他的兄弟姐妹们第一次听到毛拉阁下的声音,不免令他们热泪盈眶。这都要感谢阿米尔,一个真正以家庭为重的好男人。

　　阿富汗的赫拉特是这个迷人的汗家族旅程开始的地方,他们在电影界更为活跃,也更为人所知。阿米尔的父亲塔希尔·侯赛因有五个兄弟姐妹。2011 年 1 月,接受《开放》杂志采访时,阿米尔曾经透露:"我的全名是穆罕默德·阿米尔·侯赛因·汗。"但作为在大银幕上出现的名字,他选择了简短易记的"阿米尔·汗"。身为著名阿富汗普什图部落的后代,他大步流星的步伐当中确实能看出些典型的普什图人特征。他毫不避讳地说,"汗"是"部落"的名字,他并不是十分确定它真正的源头在哪里。他说如果仅看姓氏的话,所有的"汗"都来源于普什图人。但鉴于他并非在阿富汗出生,也不会说那里的普什图语,他视自己为生在孟买、长在孟买的标准的"班德拉小子"。

> 阿米尔孩童时期画像

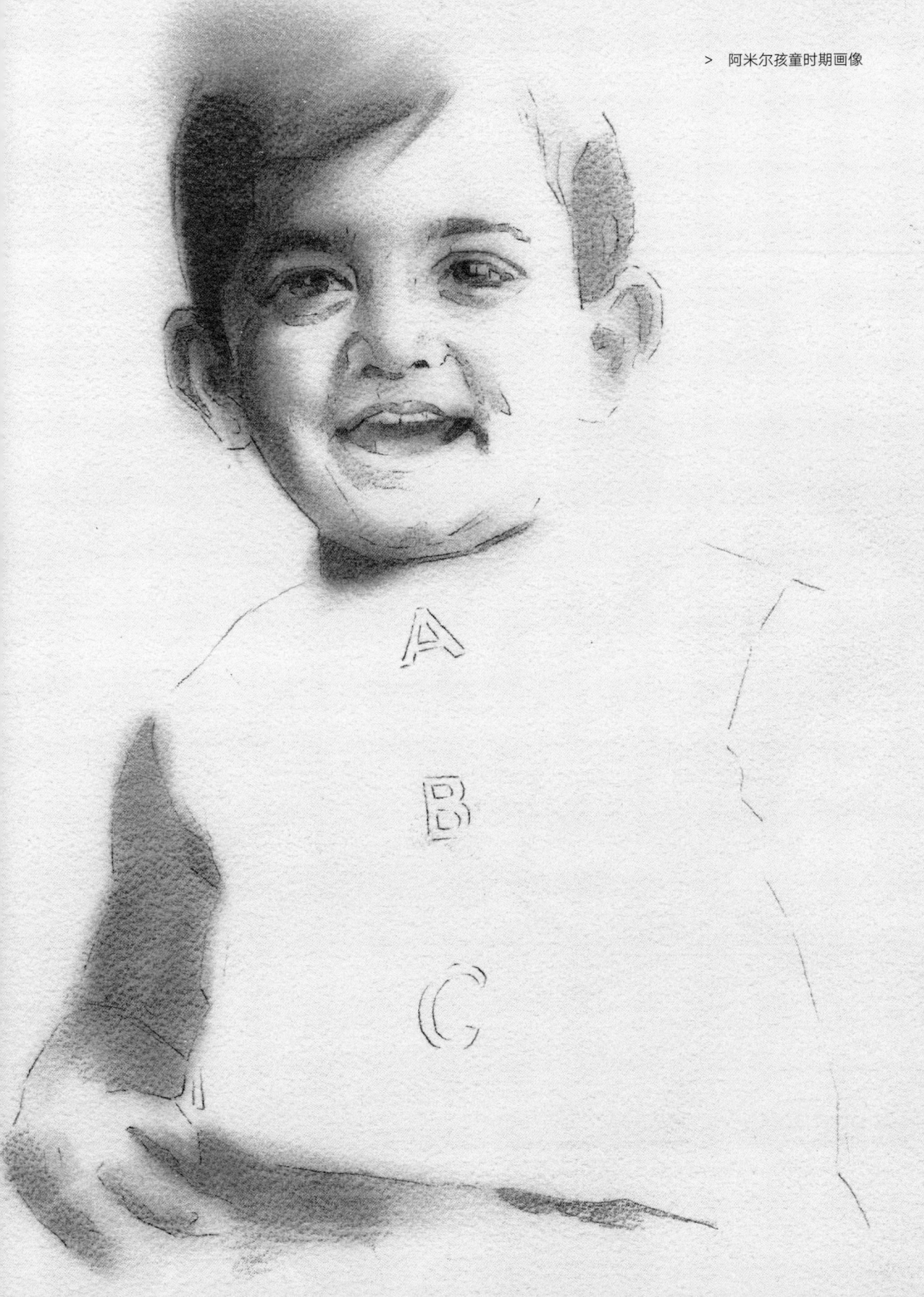

AAMIR KHAN

> 年幼的阿米尔与母亲齐娜特·侯赛因在一起

阿米尔的母亲齐娜特出生在贝拿勒斯（印度北方邦城市瓦拉纳西的旧称），他的父亲来自博帕尔（印度中央邦首府），后来迁往勒克瑙（印度北方邦首府）。齐娜特也是出身电影世家，著名的法兹利兄弟是她的叔叔。阿米尔在宣传电影《三傻大闹宝莱坞》期间曾到贝拿勒斯寻访母亲的故居，他隐姓埋名地前往特里亚那拉，母亲早年曾生活在那片地区。他曾说过，如果有机会，他特别想回到过去，去曾外祖父的杧果园中汲取能量。他父亲那一边祖籍是北方邦赫尔多伊附近的沙哈巴德，他从未去过那里，也没必要去，因为家人在20世纪40年代末就迁往勒克瑙，50年代又来到孟买。但那片曾属于曾祖父的土地对他来说有着巨大的情感价值，因此他将其购下。2012年8月的一次采访中，阿米尔说："这是个非常感性的决定，我几乎没在沙哈巴德住过，但那里是我祖先的家园，而这其中有着某种联系。当我听说有些亲戚因为已经迈入新的生活因而想要卖掉他们的房子，我就有意从他们手中买回来。我之前也说过，现在再说一遍，以后的某天我一定会试试种田。这片地很适合耕种，我想去沙哈巴德尝试一下种田的生活。"这片土地如今登记在阿米尔、他的弟弟费萨尔和两个姐妹名下。阿米尔确认了这一点，他说："我这么做是因为我想要兄弟姐妹们的家能挨着我的家。我真的不知道何时，但我希望有一天我们四个和母亲能够一起在老家过上一段日子。或许我所有的表亲也都可以加入，那将成为我们家族聚会的完美场所。"

> 阿米尔的曾伯祖父毛拉阿布·卡拉姆·阿扎德

AAMIR KHAN

尽管政治是阿米尔血液的一部分，但他一直都更倾向于电影，这得益于伯父和父亲的影响，二人自 20 世纪 50 年代起就是印地语电影界的活跃成员。他的伯父于 20 世纪 40 年代末从北方邦勒克瑙来到孟买，他在写作方面颇具才华，是家族中第一个进军电影界的。40 多年的时间里，他创作了摇滚音乐片、悬疑惊悚片、浪漫劫匪片以及动作片。这位导演兼制片人拍摄了他那个时代最杰出的一部分影片，并开启了许多人的职业生涯，包括他的侄子阿米尔。虽然他从未为此邀功，但他的制作公司确实为那个时代的电影行业贡献了一批巨星，比如沙米·卡普尔和阿莎·帕雷克。

> 与伯父纳西尔·侯赛因在影片《情比金坚》的首映礼上

> 《冷暖人间》拍摄期间，曼苏尔·汗在他位于希尔路的办公室内

纳西尔先生将阿米尔推上银幕时，进行了一场广告宣传，在广告牌上打出标语问人们："谁是阿米尔·汗？"还有："谁是这个邻家男孩？"那时候连他自己都不知道，家族里有个明星。阿米尔作为一名助理在纳西尔·侯赛因影业工作了一段时间。很显然，阿米尔跟伯父一直比跟父亲更亲，二人之间有一种特殊的默契关系，阿米尔总是把他视为自己唯一的导师。有一次，在教师节前夕，他说道："我的精神导师是伯父纳西尔·侯赛因先生，因为我作为副导演跟他一起工作了四年。甚至连我童年时期的首次银幕亮相都是在他的影片《西方的回忆》里。"阿米尔希望已过世的伯父能够看到他的导演处女作《地球上的星星》（2007）。"我导演自己的第一部作品《地球上的星星》时，伯父已经过世，这将是我一辈子的遗憾。我一直认为，如果他在现场，一定会特别开心。我总是记得他开怀的样子。"

AAMIR KHAN

> 阿米尔与姐姐尼克哈特和父亲塔希尔·侯赛因在一起

阿米尔完全可以宣称是靠自己的努力而成才,但来自家族的影响无疑对他的性格形成起到了重要作用。这位演员兼制片人总是说,他从充满勇气与力量的人身上汲取灵感,因此,他最喜爱的人有伯父、母亲、堂兄曼苏尔·汗以及堂姐努扎特。他与堂兄之间有一种特殊的联系,后者在他的导演处女作《冷暖人间》中开启了阿米尔的星途。童年时,他们是亲密的朋友,长大后,二人也在一起工作,拍摄他们信仰的电影。除了阿米尔的处女作,他们还合作拍摄过两部佳片:《情比金坚》(1992)和《激情代价》(1995)。他们的关系如此亲近,乃至阿米尔在为《三傻大闹宝莱坞》找参照时,就以曼苏尔的儿子巴勃罗为自己角色的原型。

> 塔希尔·侯赛因与儿子阿米尔在他们位于班德拉的家中

几年前,曼苏尔将基地转移到古努尔(印度泰米尔纳德邦的一个城镇),他在那里种田,并从事慈善活动。他选择离开疯狂的影视圈,而阿米尔仍是其中一分子。阿米尔从伯父那里接受到一些价值观,其中之一是要维持家族成员之间的关系。他追随杰出伯父的足迹,为努扎特的儿子、他的外甥伊姆兰·汗开拓星途。伊姆兰的银幕处女作《老鼠与猫》(2007)拍摄时,阿米尔正忙于《地球上的星星》的工作,因此,他劝说曼苏尔回到孟买对伊姆兰给予指导,是两人共有的家族观念让谨言慎行的曼苏尔重回电影行业。伊姆兰代表着家族的下一代,也是以演员的身份进入电影圈。该片的票房成绩非常优秀。阿米尔同时肩负起家族长者的责任,在筹备伊姆兰的婚礼时扮演了至关重要的角

AAMIR KHAN

> 阿米尔与贾扬提拉勒·加达在一起

色。伊姆兰追随舅舅的步伐完全在意料之中,他因个人与职业原因而对舅舅极为敬仰。当阿米尔的大儿子朱奈德决定继承父亲的事业时,生命完成了一个循环。朱奈德协助编剧兼导演拉杰库马尔·希拉尼拍摄了影片《我的个神啊》。

阿米尔的父亲出生于博帕尔,曾在勒克瑙停留过一段时间,然后于1955年追随兄长纳西尔的脚步来到孟买。他起先是给哥哥当助理,也演过几部电影,最终成为一名制片人。虽然塔希尔一直难以获得认可,但他成功开启了多位巨星的职业生涯,比如,蕾娜·罗伊、拉克什·罗斯汉,以及音乐指导巴皮·拉希里。拉克什·罗斯汉曾经提到,塔希尔·侯赛因是印地语电影行业最尊贵的制作人之一。在拉克什的演员事业不甚顺利的日子里,塔希尔签下他拍摄《沉醉》(1974)和《伤害》(1975),因此,他对塔希尔充满感激。拉克什相信,塔希尔·侯赛因为电影行业引进了许多优秀的演员。他还发掘了导演梅胡·库马尔,为后者的双语(印地语-古吉拉特语)处女作《我们将重生》(也叫《永远在一起》)(1977)担任制片人。梅胡·库马尔后来的著名作品包括《铁血硬汉》(1994)和《死亡天使》(1997)。

> 阿米尔与儿子阿扎德·饶·汗在孟买机场

AAMIR KHAN

虽然塔希尔·侯赛因的职业生涯差强人意,但他也确实制作出了一些优秀影片,如《情牵一线》(1993)、《为了爱你》(1990)、《伤害》(1975)、《无名之女》(1973)和《大篷车》(1971)。他喜欢跟新人合作,并让电影行业内许多人的生活发生了重大转变。其中一个新人是阿妮塔·拉杰,她出演了塔希尔的影片《出售新郎》(1982)。在阿妮塔的记忆中,他是个有原则的人。他是最早在影片中探讨嫁妆问题的电影制作人之一。他拍摄此片的诚意换来了可以免税进行拍摄的奖励。阿米尔耳濡目染,继承了父亲的这一优秀品质。作为制片人,塔希尔·侯赛因在电影圈拥有极佳的声誉。2010年2月2日,他咽下最后一口气,许多哀悼者,包括那些曾与他共事的老前辈,都前来吊唁。很显然,他们没有忘记,

> 阿米尔(左)与女儿伊拉(右图手抓包者)在足球赛场上

他是有自己独到见解和远见的人。在这个哀伤的场合，他兄长的缪斯——阿莎·帕雷克对他如此评价："他是个很和善的人，并且富有幽默感。我跟他合作了三部电影——《大篷车》《我们的家庭》和《伤害》。他还和我一起出演过《真心可鉴》。我与他相识已久，我参加了他的婚礼，看着他的孩子长大，他还是我们的发行公司'电影珍宝'的合伙人。"他职业生涯中的起起伏伏成为儿子参照的模板。

阿米尔充满哀伤地怀念父亲拍电影的时光。父亲并不是一个特别成功的制片人兼导演，不像伯父那样，这一点他直言不讳。为给自己的影片募集资金，塔希尔·侯赛因没少吃苦受累。那时候，明星们总是催着他问日期、要钱。电影失败后，债主们都找上门来，要他还钱。这些事情都对小阿米尔·汗的心灵造成极大影响。他记得因为没交学费，他和费萨尔的名字有六七次出现在学校的公告板上。而与此同时，母亲一直默默承受，她将他们的校服缝大三个号，这样就能穿得久些。阿米尔知道，当一个要努力维持个人生活与职业生涯的制片人有很大风险，在被问到他为什么这么长时间以后才自己做制片人，他提起了父亲的艰难。2011年，接受《电讯报》的增刊 t2 采访时，阿米尔说："这是个艰难的决定。我见证了父亲的制片人之路，因此，之前就决定只演电影，永远不做制片人。所以，如果你碰巧搞到我以前的采访记录，你会发现我一直在说，我永远也不要做制片人。"阿米尔解释道："并不是说我父亲是个失败的制片人，他制作过《大篷车》《无名之女》和《吊坠》这样的电影，这些影片很成功，但由于我父亲不是个硬核商人，他从来没有挣到他本可以挣到的钱。他热爱拍电影，是个有勇气的制片人。他发掘了很多人才……但他不是个精明的商人，经济上也从未发达。"阿米尔有一次提道："这是个不讨好的职业，你雇用了整个团队，然而一旦出了问题，被拍砖的总是你一个人。而如果电影大获成功，创作团队获得所有荣誉，从来不是制片人。""实际情况是，"他补充道，"如果没有制片人，创作团队根本就不会有这个机会。"

AAMIR KHAN

> 里娜·杜塔（最左）与友人，基兰·饶与儿子

怀着对父亲的感情，阿米尔将他所有影片的永久版权买下，赠给母亲，因为她是丈夫艰难生涯唯一的缄默见证人。这些影片如今是她与亡夫之间仅有的联系。为获得这11部影片的版权，阿米尔没少费功夫。当他决定要买回父亲制作的所有影片时，他请Pen India影视公司的总经理贾扬提拉勒·加达帮忙。塔希尔·侯赛因将影片底片抵押给了欣杜贾集团，之后无力将它们收回。欣杜贾集团又把底片卖给了舍马鲁公司，舍马鲁有个资料馆，收藏有400多部影片。贾扬提拉勒见了舍马鲁的拉曼·马鲁（二人是朋友），要求他将版权还给阿米尔。一开始，舍马鲁的人有些迟疑，但后来，他们还是十分善良地把所有影片都还给了阿米尔，并且只收取跟他们从欣杜贾那里购买时同样的价钱。最终，一个痛失父亲的儿子的感人愿望得以实现。这些影片目前收藏在阿米尔·汗制作公司的资料库里。塔希尔·侯赛因的奋斗历程对他的儿子影响巨大，也塑造了今天的阿米尔。

今天，阿米尔对各种事务做出的反应都以他的家庭曾经遭遇过的许多问题为参照，他从童年起就目睹电影行业的风雨飘摇。阿米尔曾提道，父亲不想让自己的孩子进入电影圈。他回忆道，父亲的影片《吊坠》（由吉滕德拉和瑞哈主演）因多种原因而一再推迟上映时间，将近五年的时间里，金主们每天都打电话催着要他还钱，他们的家庭生活也被扰乱。阿米尔还透露，有一次，父亲半夜醒来，发疯似的开始到处找他的毕业证书，因为他觉得找份工作是养活家人的唯一途径。20世纪80年代，父亲彻底破产，那段日子清晰地刻印在阿米尔的记忆里。很长一段时间内，父亲找不到事情做，因此可以理解他为什么不想让电影界的不安定生活影响到孩子们。

电影是塔希尔·侯赛因的灵魂，命运为他安排了另外一条道路，让他成为一名制片人兼导演。1990年，他凭借《为了爱你》一片重新崛起，儿子阿米尔和玖熹·查瓦拉在片中饰演主角。该片票房成绩不甚理想，但无疑让他重拾信心，又回到电影制作行业。不久后的1993年，他接下来的一部影片《情牵一线》上映，票房大热。该片由马赫什·巴特执导，同样由阿米尔和玖熹·查瓦拉主演。玖熹充满暖意地怀念他，她表达了自己的哀悼之情，说他就像自己的父亲一样，让身为新人的她感到自己也是大家庭的一分子。

塔希尔在古稀之年看到了身为演员的儿子大获成功，他为儿子感到由衷的骄傲。他是在阿米尔出国旅行时因心脏病发作与世长辞的。人们将永远怀着敬意铭记他的真诚与守则，这些品质得以在他的巨星儿子身上延续。身为长子，阿米尔肩负起为全家人护航的使命。他有三个孩子——与第一任妻子里娜·杜塔所生的儿子朱奈德和女儿伊拉、与第二任妻子基兰·饶所生的儿子阿扎德。他与基兰和阿扎德一起住在孟买。有时候，关于父亲的回忆以及他在过去时光里制作的那些电影会与他做伴，以慰寂寥之情。

阿米尔·侯赛因·汗的诞生

回忆的队伍
今日出发
经过我的心门
梦中的唢呐
呼唤往日时光
流经我的心门

AAMIR KHAN

　　这首歌出自电影《西方的回忆》，童星阿米尔在其中出演了角色，歌词探讨了久远童年的回忆与梦想。童年的梦想充满纯真，是成年人的幻想所无法比拟的。这样的想法根植于孩子的信仰中，会随时光流逝而消失不见。这个非同凡响的男人生命中，有三种品质脱颖而出：首先，他对将要参与的事情都会先进行深入了解；其次，即便决策失误，他也会坚守原则；最后，也是最重要的，是他对友人忠诚、对家人尽责。对他来说，生活不仅仅是考个好分数、获得老师夸奖，生活远不止这些。

> 阿米尔与父亲在位于班德拉的家中讨论问题

阿米尔·汗

> 阿米尔在孟买 Y.B. 查万中心举行的活动中向戴夫·安南表示祝贺

虽然大银幕上阿米尔活泼可爱的童年形象已经深入人心，但关于他的童年还有许多我们不了解的地方。他的伯父可能暗暗知晓这个充满魅力的小侄子将会有什么样的命运，命数早已天定。伯父让他以童星身份在热门动作片《西方的回忆》中出演一个小角色，该片于 1973 年上映。这部由达尔门德拉（印度著名影星）主演的影片因配乐而出名，主题曲很快在社会上流行开来。

阿米尔·侯赛因·汗的诞生　　　　　　　　　033

AAMIR KHAN

尽管电影、剧本阅读、故事讲述是阿米尔家的日常活动，但对于8岁的他来说，决定是否要过受人崇拜的生活还为时尚早。他是个不一般的孩子，有着敏锐的感受力和观察力。看电影和读书的时候他很容易被打动而哭泣，他看的第一部电影是老瑞和哈迪（美国双人喜剧组合）的片子，这片子也让他看哭了，虽然是一部喜剧，但当片中角色因他们的恶作剧行为而差点被抓起来的时候，小阿米尔吓坏了。他非常疼爱弟弟费萨尔，所以当他看到弟弟在影片《爱的季节》中遭大火围困的那

> 阿米尔导演的处女作《地球上的星星》剧照

一幕，他放声大哭，不得不被人带出放映厅。对于曾经触动他心弦的任何事物，他都永记不忘。他甚至记得，当他看到街头一个乞儿与另一个孩子一起分享自己要来的一点点食物，他有多么感动。从他的作品中可以清晰地看出他对细节的关注。几十年后，当阿米尔交出近乎完美的导演处女作《地球上的星星》，所有人都觉得是意料之内。但在继续深入之前，让我们先进入闪回模式，看看他的出身和早年生活是怎样的。

作为电影制片人之子，阿米尔眼见自己家庭的状况随着票房盈亏而兴衰，小小年纪，他就已经接受了时而颠沛、时而风光的不规律生活方式——有时候盆满钵满，有时候一贫如洗。但与此同时，他也形成了不屈不挠的品格，随着时间推移，这种品格成为他的一大处世风格。阿米尔出生于1965年3月14日，是个皮肤白皙的可爱的胖小子，他成长在一个居住着电影界名人的社区里。

阿米尔出生之前，父亲就为他选好了名字，他决定为自己的这第二个孩子取名为"阿米尔"——意为领导者，无论从事何种事业都会大获成功。他是个害羞的孩子，又有自己的主意。他与母亲很亲近，从小就被灌输了独立意识。母亲记得他小时候总是愿意自己系鞋带、扣扣子，而不愿意让别人帮忙——与那些任何小事都要麻烦父母的孩子大不相同——虽然这可能让他看起来有些衣衫不整。在仅仅4岁的时候，这个小男孩就有了自己的价值判断。阿米尔有一次在孟买的Y.B.查万中心举行的集会上为戴夫·安南发表祝贺演说时提道，有一天，母亲注意到他的鞋带系得很好，衬衫也扎进了裤子，她立即就明白，阿米尔一定是看了戴夫·安南的电影。

童年时期，阿米尔突出的个性就开始初现端倪。这孩子对外人不是非常友好，但与兄弟姐妹和表亲的关系很好，和他们在一起时总是特别无拘无束。母亲齐娜特回想起大儿子几乎主导家里所有的谈话，而且他还欺负其他人！这孩子还有他独特的方式，能够用机智巧妙的法子达到自己的目的。弟弟费萨尔和妹妹费尔哈特常给大哥跑腿，事后才发现自己被设计了。他的母亲还透露了许多他孩童时期的此类事件。他会在卧室里边吃三明治边看漫画，一坐就是好几小时。他会故意挑起弟弟和妹妹之间的矛盾，让他们甘愿为自己跑腿拿水。等到弟妹两人意识到他们被当成"水童"利用了，阿米尔又会想出新的鬼点子，让他们对自己言听计从，继续服务。

> 与塞娜·内瓦尔（印度著名羽毛球运动员）在卡尔运动中心打羽毛球

　　塔希尔·侯赛因也分享了一些关于儿子孩童时期爱好的有趣信息。塔希尔说儿子对网球无比热爱，有段时间，所有人都以为他会成为一名职业网球运动员。他那时候常常去卡尔运动中心打球，一天打五小时。他还从戈尔哈布尔打到浦那，与其他几个选手在小旅馆中同住一个房间，并赢得全邦 14 岁以下组别网球比赛的冠军。父亲觉得打网球影响了他在学校的成绩，于是叫他放弃网球。"我的学习成绩还是老样子，但是网球生涯终止了。"阿米尔回忆道。关于那段岁月，他有一些深刻的记忆。有一次，阿米尔在一场网球比赛中得胜而归，母亲问他是赢是输。因为他总是打得比别人强，所以自然赢了。但当母亲问起输掉比赛的那个男孩，这让阿米尔陷入思考。他从未从那个角度想过什么，这改变了他的思维方式，让他明白，每种境遇都包含多方面。现在，他总是注意从其他人的角度看待问题。

他有一种强烈的欲望想要全神贯注地磨炼自己的技能。青少年时期，他在自己感兴趣的各个领域都表现得极其出色。父亲知道，不管他自己的命运如何，大儿子都有能力比他更好地驾驭生活。在母亲的记忆中，他只有一次遭遇失败的经历。那是一次乌龙事件：3岁的阿米尔参加跑步比赛，邻居家的父母来赛场为他加油："阿米尔！快呀！"他以为他们在叫他回来，于是从赛场上下来，因为他觉得不能不尊重长辈。那当口比赛结束了，他气得不行。他丢了专注力，还输了比赛，无法原谅邻居们的行为！

童年为这位未来巨星打开另一扇大门。他的姑奶奶祖赫拉夫人注意到他很受女孩子欢迎。实际上阿米尔读的是附近的小阿瓦拜女子高中，这所学校与他现在所住的马里纳公寓毗邻。虽然这是一所严格的女子学校，但他们的托儿所也收男孩。他的姐姐尼克哈特已经在这所学校就读。虽然阿米尔是个害羞的男孩，但他与班上的女孩相处十分融洽。祖赫拉夫人开始叫他"大黑天"，因为他带回家很多"牧羊女"！阿米尔最终进入圣安妮学校，这所学校位于巴利山的另一侧。有意思的是，孩童时期开始，阿米尔就一直尝试向其他同学证明自己的观点。即便在今天，这位演员不管在何种情况下也都努力用自己的观点说服别人，这一点已经是众所周知。

阿米尔身上另一个令人敬佩的特点是，他对家族和邻里的长者十分尊敬。在母亲的记忆中，他是个好争论的孩子，但争论对象仅限于同龄人。他总是知道如何善待长者，从不越界，因此，没给任何人机会来斥责他。但有的时候他也会坚守阵地，力证自己的观点。

AAMIR KHAN

> 阿米尔与前妻里娜·杜塔

阿米尔是个迷人的孩子,虽然他首次登上银幕是在影片《西方的回忆》中,但他接到的第一个邀约却是在《爱的季节》中扮演年幼的沙希·卡普尔。奇怪的是,他拒绝了这次机会!他的伯父纳西尔让齐娜特给孩子穿好衣服带到片场。阿米尔确实去了拍摄现场,但拒绝拍摄一个特定的镜头。导演要求他坐在一辆车里,他不愿意坐进去,因为那辆车不是他的朋友里娜·科斯拉的。里娜是另一位电影制作人拉杰·科斯拉的女儿,跟阿米尔住在同一栋楼里,是他童年的亲密伙伴,所以他只愿意坐在里娜的车里,别人的车他都不坐。一整天的时间里,大家都在骗他坐进那辆车,但这个不情愿的孩子固执得很。由于这场戏不能空缺,弟弟费萨尔后来代替他上阵。这件事体现出阿米尔孩童时期就已经有了明确的忠于友人的概念。直至今日,他的这一面在他与圈内外的人际关系中依然清晰可见。无怪乎多年前他组建的"消磨时光帮派"至今仍十分珍惜他们孩童时一同在大楼附近玩耍的时光。那时候,他们每年组织一次游园会,阿米尔自然是领导者。随着游园会越来越受欢迎,其他楼里的孩子也来造访,他们得买票入场,在里面逛小摊、玩游戏。

> 阿米尔与玖熹·查瓦拉在殿堂级影片《冷暖人间》中的一幕

孩童时期的阿米尔有攒钱的习惯，会把开斋节和生日等特殊日子里收到的礼金攒起来，然后把这些钱交给姑奶奶保管。有一天，阿米尔让姑奶奶把所有的钱都退还给自己，因为他想把这些钱送给家里一个亲近的友人。母亲齐娜特得知后，为孩子养成了正确的价值观而感到骄傲。

阿米尔还热爱别的游戏，比如国际象棋，如今他仍然棋艺高超。在他成长的岁月里，魔方对他是个巨大的挑战。这个聪明的小伙子总想成为速度最快的还原魔方的人。妹妹费尔哈特常在他练习的时候充当计时员，当她做得厌烦了，他就承诺她，如果他打破世界纪录，就让她分享荣誉，这样她也可以享受成功的喜悦了。她欣然同意，于是如往常一样，又一次被亲爱的哥哥"蒙骗"。

青少年时期

随着阿米尔长成一个帅小伙儿，同龄人开始崇拜他，并以他为榜样。如果兄弟或朋友遭到不公正待遇，少年阿米尔二话不说就会挺身而出。他可以跟任何人打架，而且能打赢，他就是有这样的决心。十二年级毕业后，他决定终止学业，进入电影圈，这一想法自然遭到家人的反对。鉴于他一向对长者极为顺从，想要绕过这个重大决定非常困难。他礼貌地向父母表达了自己的决心，并最终说服了他们。他让他们明白，他决意加入位于浦那的印度电影与电视艺术学院，如果父母坚决不允，那他出于对他们的尊重会选择服从。但母亲替他劝说父亲，让他同意了阿米尔辍学的决定。

阿米尔抓住自己获得的第一个机会，他要为阿迪提亚·巴塔查亚导演的短片《偏执》出镜。阿迪提亚是传奇导演比麦尔·洛伊的外孙、导演巴苏·巴塔查亚的儿子，他的友人如尼娜·古普塔、维克多·班纳杰、迪帕·拉古都在该片中出演了角色。2010年1月，接受《今日印度》杂志采访时，阿米尔回忆道："我16岁的时候意识到自己想当演员。校友阿迪提亚·巴塔查亚决定让我出演40分钟长的默片《偏执》，由演员施里兰·拉古出资8000卢比作为拍摄经费。拍摄这部影片的经历让我更加确信，这就是我应该从事的事业……"演员莎巴娜·阿兹米就是在这部影片中看到他的表演，并向他的父母提及他的演员才能。家里一下子像炸了锅，不过阿米尔不能分散注意力。当他得知柯坦·梅赫塔（印度电影导演）在为影片《胡里节》找演员，他的生活又发生了一次大转变。他想找一些学生演员，阿米尔和阿素托史·哥瓦力克（《印度往事》的导演兼编剧）参加了试镜并被录用。拍摄在浦那进行，因此，阿米尔需要获得父亲的许可才能前去。由于拍摄时间是假期，他很容易就获得允许。在此之后，他又出演了阿迪提亚·巴塔查亚的《灰飞烟灭》，在片中扮演一个反派角色。没有花费太多气力，作为演员的星途就已铺就，这个青少年已经成长为一名优秀的艺人。阿米尔同时开始为伯父纳西尔的影片帮忙，这段经历对他日后的发展大有助益。不久，在一个美好的日子里，伯父决定跟他的父母聊聊他为阿米尔做的打算。他表达了自己想要在下一部片子里起用阿米尔为主角的强烈愿望。阿米尔的命运已与电影事业紧密联系在一起。1988年，年仅23岁的阿米尔在经典影片《冷暖人间》中扮演主角。

当年，他做梦都没有想过会成立自己的制作公司并成就斐然，但伴随着《冷暖人间》的成功，成为一名技艺精湛且善于思考的演员、进而晋级为超级巨星的光辉旅程开始显现……

《冷暖人间》：
邻家男孩的塑造

"我从某种程度上来说是个叛逆者，逆潮流而行。十二年级毕业后，我就选择辍学。所有人都劝我别这么做……现在回想起来，我很高兴自己当初做了那样的决定。"

AAMIR KHAN

20世纪80年代末期,出产了大批充斥暴力而内容空洞的影片,在这一时期,爱情片几乎被打入冷宫,以拍摄轻松的娱乐片而知名的纳西尔·侯赛因陷入职业生涯最低谷。他的影片,如《人生旅途》和《告诉全世界》,首次遭遇票房惨败。虽然这位电影制作人尚未放弃他最擅长的歌舞片类型,但他知道观众已经改变。也是这段时间,录像带开始盛行。他需要给观众带来一种完全不同的观感,以重新确立他的声望,并与新时代保持同步。当务之急是改变自己的影片风格,让观众重回影院。就像拉杰·卡普尔拍摄《痴情鸳鸯》那样,纳西尔开始考虑起用新面孔来拍一部电影。虽然这是个严峻的挑战,但一切都是为了把观众吸引回幽暗的影院中来,而不是让他们坐在家里看录像带。他还意识到,要提升故事的质量,主角得是现实中的人,而非存在于想象之中。

> (从左至右)曼苏尔·汗、阿米尔和纳西尔·侯赛因在《冷暖人间》拍摄期间

> 为影片《古拉姆》进行的一次照片拍摄中，神情紧张的阿米尔

《冷暖人间》：邻家男孩的塑造

> 贾韦德·阿赫塔尔向纳西尔先生建议让阿米尔担任《冷暖人间》的男主角

那时候，纳西尔的儿子曼苏尔·汗正忙于撰写影片《情比金坚》的剧本，曼苏尔想出任该片的制片人和导演，他认为年青一代会对此片感兴趣。他意识到人们已经对单调的大杂烩电影产生厌烦，这种片子里总是动作戏很多，讲的都是愤怒的主角伺机复仇的故事。曼苏尔决意要拍出他心目中的那种电影，因此，当父亲要他为自己的剧本提供一种不同的视角时，他并未表现出多大的兴趣。但最终他利用这次机会展现了自己的才能，证明了自己对新一代电影观众预判的正确性。经过一段时间的考虑，他觉得有必要对原先的故事情节进行调整，于是决定接纳父亲的建议。他与妹妹努扎特和堂弟阿米尔合力对剧本着手修改，在三人的努力下，新的剧情开始成形。兄妹三人丝毫没有意识到他们正在创作一部具有开创意义的电影。

那是1987年，纳西尔·侯赛因正在为新作品面试演员，想要寻找一对新面孔出演男女主角。正当纳西尔一筹莫展之时，词作者贾韦德·阿赫塔尔的建议点醒了他。阿赫塔尔留意到纳西尔先生麻利的年轻助手阿米尔那充满灵气的英俊面孔，说道："你家里就有个主角，还去外面找什么！"这位资深导演当即决定起用侄子为男主角，出演自己雄心勃勃的作品《冷暖人间》。

> 荧幕新情侣阿米尔和玖熹在《冷暖人间》中的一场戏

> 《讲心不讲金》剧照

阿米尔当时并不确定一切能否如愿，他成为印地语电影男主角的梦想是否能够成真。因此，当伯父跟他说要他出演即将拍摄的这个爱情故事时，他并不相信，直到开始准备剧本。但伯父确信自己找到了合适的主角扮演者，而且他有朝一日会成为明星。他获得了阿米尔父母的许可，签下他来演这部戏。起初，纳西尔先生是想自己导演这部影片，但由于健康原因，导演与制作的任务只得交给曼苏尔。

影片拍摄过程中，谁都不晓得它的票房成绩会如何。这部电影开启了许多人的职业生涯：音乐家二人组阿南德－米林德，歌手乌迪特·纳拉扬和阿尔卡·雅格尼克，以及演员玖熹·查瓦拉，玖熹在此之前出演过一部名为《苏里坦》的票房成绩很差的影片。《冷暖人间》还开启了阿米尔以及导演曼苏尔·汗的职业生涯。其他人对曼苏尔来说都是新面孔，但他曾为自己的公司 Scan Media 导演过由玖熹出演的洗发水广告。而与此同时，玖熹已经收到在 B.R. 乔普拉的电视剧《摩诃婆罗多》中扮演黑公主的邀约，曼苏尔找她担任自己片子的女主角时，她几乎已经答应。于是她从乔普拉那里获得许可，同意接受曼苏尔的请求。

阿米尔清楚地记得在一处户外场地为这部影片拍摄的第一场戏。他回忆道："我们一大早开拍，在乌蒂镇一座山顶的树丛里。拍了几条，都不是我们想要的镜头，然后突然之间起雾了。我们只好等着雾散，但雾持续了八小时左右。鉴于天色已晚，大家都有点累，当天的拍摄就取消了。"这是他们遇到的一次小挫折，还有许多困难等在后面。

玖熹记起她的第一场戏是在埃塞尔影棚拍摄的："拍摄第一天——我跟爸爸坐在一起。对白我不记得了，但是记得场景。我穿着印度传统服饰，戴着长长的假发，涂着粉色和蓝色的眼影。最后当我看到影片时，连我都吃惊不已，我们真的在拍摄时做了这些事吗？"

阿米尔与玖熹合作拍摄《冷暖人间》期间有一些美好的回忆："玖熹是个很好的搭档，她是个出色的演员，实际上我一直觉得她演技比我强得多。老实说，我觉得她的表演更高级。作为表演者面对镜头时，她表现得要更加自然。我就不行了，我笨拙得很。我会看着她说：'嗯……我要是能演成这样就好了。'"

> 玖熹在一次照片拍摄中

玖熹讲述了他与阿米尔共事的经历："我们在一起合作了一阵子。我们俩都是新人，彼此不害怕对方。来到这个所有人都是年轻新人的环境，对我来说很新鲜，就像是跟大学同学在一起拍戏。我们是特别好的朋友，因此如果我觉得哪里不舒服就可以直接告诉他，可能他哪个地方做得不对……我给阿米尔提意见，是绝对的一对一。"

影片试映后，影评人纷纷表示不满。影片还放给部分发行商看，另外也给媒体做了试映，但反响平平。阿南德—米林德音乐指导二人组中的阿南德·什里瓦斯塔夫在2012年接受《电影观众》杂志采访时回忆道："讽刺的是，给发行商试映时，配乐并没有得到赞赏，没人愿意购买影片。他们告诉导演曼苏尔·汗，只有把音乐和悲剧结尾换掉，他们才愿意投资。但曼苏尔坚持自己的立场，最终这场赌博获得了回报……"杰出的音乐指导 R.D. 伯曼观看样片后预言，阿米尔前途光明，他预测影星、影片以及配乐都会达到历史性的高度。但由于多数业界前辈的反馈都不理想，制作方不得不想方设法吸引观众走进影院，他们晓得，必须大张旗鼓地向民众宣传此片。

1991年1月接受《印度画报周刊》采访时，阿米尔说："我和曼苏尔看了试映后十分沮丧，影片中的缺陷好像在瞪着我们，我记得我催促伯父要更加卖力地宣传电影，我们以为自己把片子搞砸了。"为宣传影

> 与玖熹在影片《情牵一线》中一幕悲伤的情感戏

《冷暖人间》：邻家男孩的塑造

AAMIR KHAN

> 2013年是《冷暖人间》25周年,影片放映结束后,阿米尔准备接受拍摄

片,阿米尔和玖熹花了好多天时间,亲自去劝说出租车和机动三轮车司机把影片贴纸贴在他们的车上。玖熹深情地回忆道:"那个年代我们还常用贴纸,贴在车上宣传影片。我不仅把贴纸贴在自己的车上,还征得出租车和其他私家车主的同意,把贴纸贴到他们的车上,觉得这样的宣传起码可以吸引一些人走进影院观看我们的片子。"

阿米尔在一次采访中提到他的早期宣传:"是伯父想出的主意,用巨幅广告牌打出影片男主角站立的形象,用炫光遮住他的双眼,然后用醒目的字体打出:'谁是阿米尔·汗?'"以此引起人们的关注。接下来的系列广告牌打出的是:"去问邻家女孩!"自然而然地,几乎所有人都对巨幅广告牌上这个目视上方的神秘男子产生了兴趣。伴着这种好奇心,影片开始在影院上映。

> 影片《灰飞烟灭》剧照中，阿米尔具有穿透力的眼神

AAMIR KHAN

> 在家中院子里徘徊

起初，影片的上座率上升很慢。阿米尔给出数据："第一周的上座率是88%，第二周掉到82%，第三周下滑到79%或者76%……之后持续下降。然后到了第四周，又上升到96%！之所以突然上升，是因为在前两三周里，'这是一部好电影'的口碑已经传播开了。"随之而来的是一场票房狂欢，只有1973年拉杰·卡普尔的《痴情鸳鸯》堪与比拟。很显然，大众的选择证明，如今拍摄的电影类型该有一个大转变了，《冷暖人间》成为实现这一转变的先驱。这部影片同时把观众带回影院，爱情再次成为电影的主题。由于片名（Qayamat Se Qayamat Tak）较长，人们都用简称"QSQT"指代这部影片，这也掀起了一股用首字母缩写来宣传片名较长的影片的风潮，比如"DDLJ"指的是《勇夺芳心》（Dilwale Dulhania Le Jayenge），"HAHK"指的是《情到浓时》（Hum Aapke Hain Koun...!）。

> 阿米尔与普嘉·巴特和导演马赫什·巴特在电影《爱在旅途》拍摄期间

在另一场采访中，阿米尔说："那是一部全新的影片，适合全家人一起观看，也吸引年轻观众。它是一种新的电影语言、一种新的电影制作方式，所以真的吸引到那些实际上已经不去影院看电影的观众。影片大获成功，而我一夜成名。"孟买的发行商决定进一步利用形势，推波助澜，于是采取了一种新的促销策略，购买八张或以上的电影票，可以免费获得一张阿米尔·汗和玖熹·查瓦拉的海报或者照片。这一策略十分奏效，影片上座率出现大幅跃升。

随着影片大获成功，阿米尔成为头号国民偶像，玖熹也成为大家心目中的可人儿。阿米尔对自己获得的崇拜感到十分有趣，他被女孩子们打来的电话和粉丝们写来的信淹没，许多女孩打电话来是想告诉他，自己喜欢他在电影里的形象，还有些女孩甚至跑到他家，想约他出去。玖熹每天收到逾百封信，在父母的要求下，她亲自给大部分粉丝回信。玖熹说："父母的想法是：'这些可是你的第一批粉丝。'我猜想他们是被吓到了，一有人写信对我说好话，他们就说：'快回信。'"

无论在哪儿都会有人认出阿米尔，这位演员新秀参加了无数次媒体互动活动，在一次活动中他说："记得有一次，我开伯父的车出去，在等交通灯的时候，我偶然向旁边的车里看了一眼，车里的人们笑着向我招手。我心里说：'我认识这些人吗？他们是谁？为什么对我笑？一定是我伯父或者父亲的朋友吧？'于是我也对他们笑了笑，因为我想我可能认识他们。过了一会儿我才突然回过神来，这些人是想看看我是不是演《冷暖人间》的那个人。这种困惑持续了一段时间，后来我明白了，他们其实是看了影片，认出了我，所以才会……"

拍摄《冷暖人间》期间，阿米尔与青梅竹马的里娜·杜塔结为连理，但是在伯父的要求下婚讯保密三周。由于许多新人要靠这部影片开展自己的职业生涯，为了他们也为了自己，阿米尔只好把消息保密了一段时间。影片上映多年后，阿米尔的外甥伊姆兰·汗在2010年接受《电影观众》杂志采访时透露："阿米尔同意了，然后在影片宣布大卖的那一天，他跑来找我外公说：'伯父，现在对任何人的事业都没有威胁了，我想要公开真相。'""那真是一段艰辛历程。"阿米尔满怀深情地说道。

不仅仅是阿米尔和玖熹,实际上与影片有关联的人都是一夜成名。把片子结尾设置为悲剧,曼苏尔冒的风险最大,他解释了彻底改变故事线、加入悲剧结尾的原因:"在我心中,结尾一直是悲剧,因为前情铺垫太强,矛盾太激烈,我无法想象两家人能够和好。父亲总是坚持说,悲伤的结尾不会受欢迎,人们不喜欢哭,他们在生活里流的眼泪已经够多了。"但没多久,这部爱情悲剧就成为一部非正统经典。

对《冷暖人间》的团队来说,一切都朝着对他们有利的方向发展,或者说他们秉持着对自己工作的信念,以及开辟一条制作电影的新路子的决心,把一切扭转为朝自己所期望的方向发展。这部超级电影于2013年4月29日迎来自己的25周年纪念,为这次活动,阿米尔于当天上午在电影城召开新闻发布会,他切了蛋糕,并演唱了那首怀旧歌

> 《冷暖人间》团队——歌手阿尔卡·雅格尼克(左一)、配乐阿南德-米林德组合及歌手乌迪特·纳拉扬(右一)与阿米尔和基兰一起庆祝影片25周年

> 电影《冷暖人间》开机照，左一为塔希尔·侯赛因，右一为纳西尔·侯赛因

曲《爸爸说……》。晚些时候，他在孟买的 Light Box 影院举行了一场特别放映，随后又在纳西尔·侯赛因的别墅举办了一场聚会，如今纳西尔的孙子伊姆兰·汗住在那里。当天晚上，影片的所有演职人员悉数到场：玖熹·查瓦拉、曼苏尔·汗、阿南德—米林德、乌迪特·纳拉扬、马卡兰德·德什潘德、阿尔卡·雅格尼克、阿莎·莎尔玛、南迪塔·塔库尔、希瓦·林达尼、谢赫扎德·汗、拉杰·祖特施……

在印度电影的百年历史当中，《冷暖人间》被归入最伟大的影片之列。同时，伴随着这部影片，一名纯粹的艺人在胶片上诞生，这位演员将如风暴般席卷整个印地语电影圈。

一个纯粹的电影人是怎样炼成的

"拍电影就像打仗,得站到前线去,才能引导战事。"

AAMIR KHAN

今天,阿米尔因他在自己大部分影片中感人至深的表演而家喻户晓。他有一条经验法则,就是"一次只拍一部片"。他是在吸取过往的失败教训之后开始采用这种风格的,这种新的行为准则令他受益匪浅。虽然需要有强大的意志力才能拒绝钱财的诱惑,但对阿米尔来说这从来不是问题,因为他很早就决定要远离主流电影圈喧嚣的无脑乱局。阿米尔并不是仅仅"存在"于这个行业里,而是按照自己的主张活跃其中。这种罕见的独立性为他赢得数百万崇拜者,人们热爱他并不是因为他又酷又帅又迷人,是性感男神,而是因为他们把阿米尔与高品质影视作品联系在一起,并且总是能在他的影片中找到丰富的内涵。

> 影片《终成眷属》剧照

演员阿米尔·汗在电影圈摸爬滚打近 30 年，他以制片人、导演和演员（排名不分先后）的身份做出许多审慎决定，因而备受仰慕。他的工作轨迹覆盖了电影行业的方方面面，从童星到作为一名年轻新秀在伯父的制作公司帮忙，到爱情片男主角，再到制片人和导演，阿米尔在各个部门都有成功经验，如今，他又成为一名电视节目主持人。

尽管如此，对阿米尔来说，一切并非一帆风顺。这位彻头彻尾的电影人（既是演员，又是制片人和导演）的人生旅程中也是风波不断。那些他如今已经如鱼得水的各个领域，当初身在其中工作和学习时，也曾经历数不清的困难、激动人心的时刻、凯旋以及败北。每个时间段的每份经历都成为一个动因，激励他在所从事的每项事业中都努力做到出色。这位非凡人物凭借自身力量脱离自己的境遇，改变自己的命运，成为同僚中的佼佼者，他的事迹已经成为一段传奇。

难怪人们都叫他完美主义者。他并不赞同这一头衔，说是媒体强加于他。阿米尔曾在一次采访中说道："我觉得没有完美的东西，尤其是在电影这样的创作领域。在创作领域中，没有所谓对与错，我们都是表达自我的艺术家。"他补充道："现在都成了家里的笑话，我妹妹给我买了一件 T 恤，上面写着'完美主义先生'！但我承认，在试图挖掘我们决心所拍影片的真正潜力时，我总是竭尽全力。热情一直是我的动力来源。"

早期阶段

虽然阿米尔出生在电影制作人之家，但他的生活仍然充满艰辛。他并非生于富贵之家，考虑到家人的处境，他的父亲塔希尔·侯赛因早已下定决心，不能让孩子们也过像他一样朝不保夕的生活，因此，不能让他们进入电影行业。在伯父的影片里扮演个小角色可以，但不能把演员当成毕生事业。塔希尔·侯赛因曾经提道："我们（在他还是孩子的时候）早就知道他能在任何领域大展宏图。"但他做演员也会大展宏图吗？如果塔希尔当初坚持己见，阿米尔也只能屈从。然而，命运自有其他安排。

在探索外部世界的过程中，阿米尔的思维也在不断拓展疆界。在孟买珠湖纳尔西蒙吉学院就读十二年级时，他接触到戏剧等课外活动。那段时期，柯坦·梅赫塔正在为自己的影片《胡里节》（1984）寻找新人。他找来一些学生试镜，最后亲自选取阿素托史·哥瓦力克、阿米尔·汗和其他几个男生。柯坦·梅赫塔看过阿米尔的作品，因此希望他来出演自己影片的男主角。但是后来角色交给了阿素托史，因为阿米尔出于某种原因剃了头发。阿米尔最后得到了扮演马丹·夏尔马的机会。但在这个浪子能够面对镜头之前，他必须征得父亲的同意。鉴于影片是在学校放假期间拍摄，而且地点就在浦那，不会影响学业，因此，他获许前往。在影片尤其是他的表演得到认可之后，他决定带家人提前观看，家人看了之后十分震惊，反馈很苛刻，阿米尔仿佛当头挨了一棒。他觉得因为大家都习惯了他在家里的大男孩形象，所以看到他扮演秃头男人的样子有些接受不了。

那段时间，在他的朋友圈子里，做导演、加入电影协会已经成为一种风潮。阿米尔与母亲很亲近，因此，他把自己想要加入浦那印度影视协会的愿望告诉了她。她明白他父亲一定不会赞成这一想法，最糟糕的是，阿米尔决定十二年级以后就辍学，他知道成为大学生对自己以后所选择的职业生涯没有什么帮助。当齐娜特向丈夫提起这件事时，一开始他摇头否认，沉思了一会儿又说："如果他想进入电影行业，那还是在纳西尔·侯赛因影业公司做助理比较好。"父亲相信，以这种方式，他能够更好地接触电影，并且学习做导演的门道。阿米尔用灵活的方式扭转了家长的反对意见，然而，在以演艺事业为生的道路上还有许多困难等着他去克服。

他在放假期间还拍了另外一部叫作《灰飞烟灭》的影片，导演是他的朋友阿迪提亚·巴塔查亚。虽然这是他作为演员拍摄的第一部电影，却在他的银幕处女作之后才得以放映。1989年，阿米尔因《灰飞烟灭》获得他的第一个印度国家电影奖——最佳演员评审团特别奖。在此之前，阿米尔还在十年级刚毕业时为阿迪提亚拍过一部名为《偏执》的默片，片长40分钟，是用16毫米胶片拍摄的。这部片子让他了解到电影制作的整个流程。在这个项目中，阿米尔是阿迪提亚的得力助手，充当了现场跑腿、助理、制片主任的角色，后来还出演了角色。

> 影片《印度拉贾》的一场戏中，阿米尔与卡瑞诗玛·卡普尔深情相拥

演员生涯

绚烂星光并非唾手可得。因在《灰飞烟灭》中的演出而广受赞誉之后，阿米尔确信自己注定要当演员。然而，成为明星的历程并不简单。虽然已经出演过两部影片，但他仍然继续担任伯父的制片助理，同时，寻找展现自己演艺才能的合适时机。很快，机会就来了——公司旗下的新项目《冷暖人间》开始寻找新面孔。这部影片上映后，阿米尔的生活彻底改变。

> 在印度板球俱乐部拍摄影片《真爱无敌》期间，戴夫·安南为阿米尔讲戏

　　他成为人人追捧的英雄。制片人自然想利用阿米尔—玖熹这对新人主演赚钱。许多制作人登门造访阿米尔以求合作，冲动之下，他不假思索地签下一系列影片。很快，他就变成了一个连轴转的演员，同时为不同的制作方拍摄多部影片，马不停蹄地从一个片场赶往下一个片场。这种状况持续了大约半年，最终，他的诸如《爱爱爱》（1989）和《真爱无敌》（1990）之类的影片遭遇冷场，他对观众的吸引力明显下降，最初的追星狂热已经退却，那个融化了百万颗心的巧克力男孩，如今成了难以下咽的苦药。随着每一部影片的问世，他逐渐被拉回到现实中来，鲜花变成拍砖，狂欢已然结束，想要与他签约的制片人渐渐减少。但是关于这一系列的错误，阿米尔从来没有怪罪他人，他知道错在自己，并且勇于承担责任。在一次接受《电影观众》采访时，他承认自己作为观众也不喜欢自己出演的某些影片，比如，《灰飞烟灭》《真爱无敌》《这就是人生》（1992）和《情侣风尘》（1992），但鉴于他参与了这些影片的拍摄，他认为自己和其他所有与影片相关的人一样对此负有责任。在另一次接受《喧嚣》杂志的肖玛·乔杜里

采访时,阿米尔说:"我的第一部影片《冷暖人间》上映并获得巨大成功后,我面临很大的压力。那个年代的惯例是一次同时签约二三十部影片,我最后签了九部。那些我喜欢的导演不给我机会,所以我孤注一掷挑选了一些影片。等到拍摄开始,我发现:第一,同时拍九部电影是个糟糕的主意;第二,导演是电影制作中最重要的元素。"

在阿米尔陷入进退维谷的境地、成为当时盛行体制的受害者之时,其他的新生偶像俘获了观众的心。1989年,萨尔曼·汗在拉吉什里电影公司出品的《真心爱着》一片中闪亮登场,一夜之间成为热门男星。美好的爱情故事仍然时兴,而萨尔曼更为之添薪加柴。另外,他不是像阿米尔一样长相甜美的明星,他极具个人魅力,是个动作英雄。萨尔曼与阿米尔来自相似的家庭背景,其父萨利姆·汗是一位创作了一批经典影视故事的传奇作家,在20世纪七八十年代由阿米达普·巴强等著名影星出演。

> 与法拉·纳兹在影片《这就是人生》拍摄现场

一个纯粹的电影人是怎样炼成的

AAMIR KHAN

> 玛杜丽与阿米尔在影片《讲心不讲金》中的浪漫一幕

阿米尔清楚地知道,要想拥有生命力长久的职业生涯,就要有正确的策略,而他从严酷的教训中学到这些。他曾经宣称:"拍电影就像打仗,得站到前线去,才能引导战事。导演得充当将军的角色……他必须让你发挥最大的潜力……"但那段时期,他的事业毫无起色,所以他停下脚步,想要弄清楚是哪里出了错。他了解到,不称职的导演会把好剧本搞砸。那个阶段,他的第一任妻子里娜一直坚守在他的身边。

阿米尔经历职业生涯的低谷之时,另一位男星开始在电影圈大展身手。沙鲁克·汗把自己的活力带到大银幕上并迅速崛起,成为影坛新星,甚至威胁到萨尔曼·汗的统治地位。而在那个时候,阿米尔已经下定决心,从今往后,只接自己内心真正认可的片子,而且会对剧本多加留意。

1990年,他接到制片人因德拉·库马尔那里的邀约,因德拉准备拍摄一部名为《讲心不讲金》的影片,女主角是玛杜丽·迪克西特。这部影片帮助阿米尔重回业界精英之列,至今仍被许多人视为他最优秀的作品之一。起初,因德拉并不确定阿米尔能否胜任影片当中一些情感复杂的片段,但他后来欣喜地发现,阿米尔学得很快,因而得以呈现精彩的表演。阿米尔对因德拉·库马尔在电影制作方面的功力评价甚高，并认为是他拯救了自己的职业生涯，因为《讲心不讲金》给了阿米尔东山再起的机会。

然而，在《讲心不讲金》之后的两部电影——《为爱痴狂》（1990）和《青春万岁》（1990）的选择上，他再次经历滑铁卢。关于《青春万岁》，他在接受《印度画报周刊》采访时回忆说："影片拍摄过程中，我与女主角法拉（法拉·纳兹）配合得不是很融洽，但我很喜欢那个扛起家族责任的兄长角色。我觉得我与法拉作为影片的男女主角并不应该对片子的失败负责。从技术上说，这部影片本来可以拍得更好一些。"这段经历让他在选择搭档的女主角时变得谨慎。随后，马赫什·巴特想与制片人古尔山·库马尔一起拍摄一部好莱坞电影的改编版。虽然阿米尔十分希望与马赫什·巴特合作，但他的直觉告诉他巴特的这个新项目并不乐观。阿米尔询问妻子的意见，她建议他听从自己的内心。

阿米尔想要表明，自己并非草率行事，因此他与这位特立独行的导演及制片人见了面。他表达了自己想要拍摄美国浪漫喜剧《一夜风流》的印度版的愿望，马赫什赞同他的主意，并将这个古怪爱情故事的名字定为《爱在旅途》。很快，阿米尔就自信勃发地重新回到片场。虽然这部电影没有像他的银幕处女座那样引起巨大轰动，但也获得了不错的业绩，片中歌曲至今仍被人们哼唱。马赫什相信，阿米尔有不断否定自己、让自己脱胎换骨重新来过的勇气，这种品质十分令人欣赏。这部影片获得了满意的反响，自此之后，阿米尔更加明智地选取所要拍摄的影片。

1992年上映的三部作品中，《情比金坚》的票房成绩比其他两部更好，导演是他的堂兄曼苏尔。这部电影在拍摄过程中经历了诸多悲剧事件，将近70%的内容需要重拍，女主角也出于各种原因多次更换。这些变故让阿米尔备受折磨，因为他与片中两个女性角色都有对手戏。"作为演员，那对我来说是最崩溃的事情，因为我已经在第一次拍摄过程中付出了自己最饱满、最充沛的情绪。"阿米尔回忆道。这只是他决心谨慎选择之后遭遇的诸多绊脚石之一，但他已经决意要在阔步迈进的过程中迎击此类难题。他十分清楚，如果这些精心挑选的剧本在票房上落败，将会影响到他的星途，但他对自己有信心，坚信自己的决定终有一天会获得回报。而回报最后真的到来，让他以及支持他的那些人都受益匪浅。

为获得顶级演员的地位，阿米尔需要像棋坛大师那样运筹帷幄。他从未否认过自己想要成为最出色的演员，如今，真正集中精力于实现自己的梦想。如果他能在网球比赛中打败对手、在象棋比赛中占据上风,那么就有能力操控自己的演艺生涯。接下来的问题就是只选取最好的影片。其他明星都选择寄身大公司旗下,背靠大树好乘凉,而阿米尔如一位收复失地的象棋高手,采取了一种截然不同的策略。他不愿桎梏于巧克力男生的银幕形象中,他要做的不仅仅是在树下跟女主角谈情说爱。他发现有一种方式是,聆听有独特想法的新生电影制作人的剧本创意。与此同时,他还要把之前仓促接下的影片拍摄完成,因为他不想让任何制作人措手不及。

所有这些失败经历让阿米尔获得很多经验教训,如今他会要求先看一整场戏,再开始拍摄第一个镜头。在他开始带着全新的决心前行之时,就知道难免有时候要与人撕破脸。1993年,雅什－拉吉影片公司(YRF)与他接洽时,他要求采用双线叙事,因为影片中有两个男主角。这个要求遭到否决,因此,阿米尔选择放弃出演该片。这部影片就是《恐惧》(1993),该角色最终由沙鲁克·汗扮演。影片后来票房大热,但阿米尔并不后悔自己拒绝该片的决定。同一年,他拍摄了由雅什·乔普拉导演的《传统》一片,

> 阿米尔在电影《幻影车神:魔盗激情》的产品推介会上,发布了影片主题游戏及角色玩偶

以及由马赫什·巴特导演的《情牵一线》，后者成为超级热门影片，并让他与玖熹·查瓦拉的搭档重新焕发活力。这部电影是根据1958年的好莱坞浪漫喜剧《水上人家》改编的，原版由索菲娅·罗兰和加里·格兰特主演，影片中含有戏剧元素，阐释了家庭价值观。该片的制片人是阿米尔的父亲塔希尔·侯赛因，为他在1994年赢得了他的第一个"电影观众奖"。女主角玖熹也获得了久违的电影观众奖。尽管面对如麦奈卡莎·萨谢蒂里（《挡不住的疯情》）和迪宝·卡帕蒂娅（《哭灵人》）这样的有力竞争者，玖熹最终还是凭借她在《情牵一线》中拿捏精准的喜剧感和出色的演技一举摘得电影观众最佳女主角桂冠。玖熹不敢相信此片能为她赢得大奖，因为拍摄过程如野餐一般轻松，而且那个年代喜剧并不被人们严肃对待。

再度大获成功

很少有人能获得改正错误的机会，而阿米尔很幸运地获得了不止一次这样的机会。他很清楚，如果想继续留在电影圈，就必须重塑自己的形象。可能对其他人适用的方法，对他并不适用：他知道自己无法像其他演员那样同时开拍10~12部电影，他必须全身心投入眼下参与的项目。

这一时期是他职业生涯的转折点，将他塑造成今日的阿米尔——一个需要严肃对待

> 为宣传影片《情比金坚》而举行的自行车比赛结束后，阿米尔脱下上衣、摘掉帽子

> 电影《爱在旅途》拍摄间隙，与马赫什·巴特讨论一场戏的细节问题

的明星。在这一阶段，阿米尔·汗还得了个"插手者"的绰号，但是与他合作过的制片人和导演都不同意这一称呼。他总是极其自律，准时到达片场，不摆明星架子，按要求行事。人们喜欢他阳光般的性格和守时的态度，但让人觉得有些奇怪的是他的新要求。他开始在开拍前便要求拿到敲定的剧本，而且变得对自己参演的剧情十分挑剔。这一时期还上映了他的另外几部值得称道的片子。在拉杰库马尔·桑托希导演的《假假真真》中，他与萨尔曼·汗首次搭档，该片于1994年上映。当时这部影片并没有在观众中引起强烈反响，两位演员自此之后也再没有合作过。在近期的一次采访中，阿米尔说道："《假假真真》是这些年来我最喜欢的影片之一，我将它珍藏心中。萨尔曼是个很棒的合作伙伴，如果再碰上让我们激动的剧本，我们很乐意再一起拍电影。"一段时间之后，这部由拉杰库马尔·桑托希导演的喜剧成了经典之作！

导演号令

说起导演，如果能知道他们是如何看待这位演员的，将会很有意思。阿米尔这时不仅对自己在影片中的角色感兴趣，还关心与自己搭档的明星处于什么位置、一个镜头应该怎么拍、它会如何影响到影片的拍摄与剪辑。这一时期，在阿米尔进行拍摄的片场中，不计其数的辩论、争吵、提议和"再来一条，先生"的话音已经司空见惯。借由这种新的拍片风格，他的职业生涯实现了重要转变。那段时期，曾经让他在票房重生的马赫什·巴特预言道："未来数年里，阿米尔将跻身娱乐圈第一线，并且成为一件价值长久的商品。"他的这番话是多么正确。说这话时是1991年，而今天，他的宣言已可铭刻入金。随着阿米尔不断取得成功，他赋予了娱乐业新的意义。另一位导演，与阿米尔合作过《假假真真》的拉杰库马尔·桑托希曾说："阿米尔带着自己的见解来到片场，但不摆架子。他对影片的选择体现出这种自信，他提出许多建设性意见。我认为几年以后，阿米尔会自己担任导演。"曼苏尔如今可能踪迹难觅，但当他与堂弟一起工作时曾经说过："阿米尔学东西很快，他好像每天都在进步。他会打破浪漫英雄的固有形象，饰演更加多样化的角色。他有那种与周遭背景融为一体的潜质。"

从那以后，每出演一部影片，阿米尔就努力在他塑造的角色上展现自己新的一面。20世纪90年代，这名演员签下了《爱的故事》《情侣风尘》《这就是人生》和《时间机器》（遭禁映）等影片。但除了这些票房哑弹，他还做出了一些有趣的选择，比如，《艳光四射》（1995）、《激情代价》（1995）、《印度拉贾》（1996）和《爱》（1997）。每一部影片都以不同的角色展现了这位演员的天赋，他不再是与女主角谈情说爱的巧克力男生，他在《艳光四射》中的浪子形象广受追捧，让他与其他竞争者相比技高一筹。虽然阿米尔一向极其专业，但他也会出于个人原因出演友人拍摄的一些影片。他与友人阿素托史·哥瓦力克合作拍摄了一部名为《忠肝义胆》（1995）的电影，阿素托史早前的作品《第一次的沉醉》并不成功。阿素托史来找阿米尔，他同意在影片中与新人演员玛塔·库卡尼演对手戏。这部影片的票房成绩不很理想，但他并没有失去重心，仍然谨慎选择角色，另外还需要在商业上获得另外两个"汗"——萨尔曼·汗和沙鲁克·汗那样的成功。他并没有去与他们的表演进行比较，而是选择另辟蹊径。他把注意力转向那些带着前卫的、具有挑战性的想法来找他的新生代导演，竟然接二连三产出佳作。

AAMIR KHAN

  1988年,马赫什·巴特签下他拍摄《古拉姆》,与拉妮·玛克赫吉演对手戏,而拉妮在此片之前只拍过一部电影。这部影片的票房不温不火,但观众得以看到阿米尔扮演非常规角色的样子,从放映厅里出来的人大多数都对他的表演印象深刻。阿米尔还在此片中初展歌喉,他反复彩排,直到抓住音准。是什么驱使他这么做?片中的这个角色不是个对声音控制有素的歌手,因此按照常规找歌手来配唱并不合适,而使用他未经训练的嗓音则更具真实度。这一想法奏效了。不久,《共游肯达拉》一曲就成为乐迷传唱的经典。也许这一切注定要发生,"毕竟,"阿米尔曾经在接受《自由新闻报》采访时说,"我喜欢唱歌。因为唱歌让我心情好,这让我周围的所有人都烦透了,但让我感到很快乐。"这一阶段,阿米尔已经下定决心,此后在出演的每一部电影中都亮出一张王牌。他越来越少露面,而接拍的影片越来越少只是他向上攀升策略的一部分。

> 阿米尔在拍摄影片《古拉姆》中的歌舞片段《共游肯达拉》

> 影片《德里囧事》中所扮演的迪斯科斗士演唱《我恨你（正如我爱你）》

　　同年，他接拍了迪帕·梅塔导演的《大地》一片，该片改编自作家巴普希·席德瓦的著名作品《冰糖人》（也叫《撕裂印度》）。故事背景是印巴分治之前，他扮演了糖贩迪尔·纳瓦兹的角色，这一角色与他本身的形象大相径庭，与《古拉姆》中的西达尔特也形成鲜明对比。这个画着黑色眼线的穆斯林角色有时心情愉悦，有时则充满愤怒，让阿米尔得到一个奸猾、负面的形象。阿米尔回忆道，他的姐姐看完影片后从新泽西打来电话，哭得很厉害，她无法相信自己亲爱的弟弟如何能够把这样一个冷血的恶棍角色刻画得如此具有可信度。他在这两部影片中的表现都得到认可，似乎在商业片与非主流电影之间找到一种微妙的平衡。这些影片为他开辟了宽广的戏路，他的策略似乎发挥了作用。《大地》收获了很高的评价，在他丰富的履历中又添一笔。到了这一阶段，虽然许多制片人迫切地想要与他签约，但他们时常被拒之门外，必须排队等着轮到自己。这位"大师"此时已经招招制胜，同僚们纷纷以他为榜样。他的工作哲学、所扮演的有血有肉的角色和努力做的功课均获得了可喜的回报。

一个纯粹的电影人是怎样炼成的

AAMIR KHAN

> 阿米尔最喜爱的女主角希里黛玉在影片《美丽皇后和钻石大道》的歌舞片段

与具有远见卓识的导演进行合作，如今成为阿米尔优先考虑的条件。他与当下一批有眼界的导演签约拍摄，感到合作十分融洽，这其中包括曾担任数部影片的副导演并混迹广告圈的约翰·马修·马坦。为了让阿米尔出演他1999年的影片《义无反顾》，他已等待多时。虽然高级警察阿贾伊·辛格·拉特胡德的角色给阿米尔留下了深刻印象，而且他也很喜欢这个剧本，但他对约翰担任电影导演的能力并不是十分有数。他提出要买下剧本，被约翰拒绝之后，他就让他等档期，以便他在这段时间内对他的作品进行了解。在此片中，约翰打造了阿米尔和索娜丽·本达里这一对全新的银幕情侣，另外还起用了强大的演员阵容，包括纳萨鲁丁·沙。影片主题是关于边境恐怖主义，展现了阿米尔作为演员的另外一面。即便在不穿制服的情况下，阿米尔也显示出高级警察拉特胡德的生动形象。"《义无反顾》之所以合我的胃口，是因为它虽然是一部主流电影，却尝试探讨印度教与伊斯兰教人民比邻而居的问题。"阿米尔解释道。他说他试图用自己的方式去打破有些人正在扩散的负面影响，在影片中，他并不是去与负面势力抗争，而是努力扩大正面影响。影片中有动听的歌曲，还透着一股爱国主义情绪，成为当年的大卖之作。当别人问起阿米尔，他的哪部作品可以拍续集，他骄傲地提到《义无反顾》和《假假真真》，因为这两部都是十分优秀的影片，而且结尾都很有趣。

随着阿米尔的威信与日俱增，他的信心也越来越足。当其他演员还在死守行业旧习之时，他打出了自己的一片天地。其他演员已经让演艺圈达到饱和状态，而阿米尔则开辟出一条可供新生代演员效仿的道路。

阿米尔从来不与某位女演员固定搭配，包括他的密友玖熹·查瓦拉。"玖熹是我最亲近的朋友之一，我们经常在对方的化妆室里一待就是好几小时，我们才不管那些思想肮脏的人会怎么想。"阿米尔在 1995 年接受《电影观众》采访时说。他总是能在个人生活与职业生涯之间把握好平衡。他从不介意与新人女演员合作，包括莱薇娜·谭登、卡瑞诗玛·卡普尔和艾莎·朱尔卡。曾经有人问他还想跟哪位女演员搭档，他不假思索地答道："希里黛玉！"他曾经提到自己想让希里黛玉主演他所有的影片。"我特别喜欢她，我很想跟她一起拍一部《往事如烟》，不知道以后有没有这个机会。"他在 1988 年某次接受《电影观众》时说。但两人从未有过共事的机会，直到最近希里黛玉才出现在他的电视节目《真相访谈》中。

新千年里，阿米尔的身价已经增长三倍。作为演员，他实现了一个又一个成就。他选择了正确的剧本和角色，在每一部影片中都呈现出一种新形象。虽然改头换面对任何人来说都不是易事，因为要冒的风险太多，但是对阿米尔来说却来得十分自然，而他也为自己在每部影片中实现此举感到十分自豪："如果有哪个演员冒的风险最多，那这个人就是我。我一贯喜欢拍摄全然逆潮流而行的片子。大多数的明星都喜欢守着某一种他们知道观众会接受的形象模式，我是极少数尝试打破这种迷信并获得成功的人之一。在我拍过的许多片子里，人们把我视为片中角色，而不是阿米尔。他们把我当作布万（《印度往事》），或者是截然不同的阿卡什（《心归何处》），抑或是《义无反顾》中的拉特胡德警官。"他的父亲一定会很高兴，自己苦觅不得的成功，成倍地降临到了儿子身上。《印度往事》成为他生命中的另一个关键性时刻，那是印度电影编年史上的又一个经典，说到他作为制片人兼演员的成长过程，自然要大大地提一笔。

《印度往事》：
首次担当制片人的苦痛

"我就给阿素托史立了一条规矩：'不要妥协。不要事后再告诉我，当初这样做就好了。你想要什么，就一定要做到。'"

AAMIR KHAN

国际媒体认为，这是有史以来最优秀的 25 部运动题材影片之一，奥斯卡奖认为这是 2001 年的最佳外语片之一。世人喜欢关于弱者的故事，而当你把板球和爱情元素加进去，就万事俱备。因此，当印度占帕内尔的一个农民向英国权贵发起挑战，要与他们比赛板球，并且同意如果落败就支付三倍的赋税时，全世界都站在他这一边。是的，我们说的就是《印度往事》。影片的拍摄预算只有 2.5 亿卢比，却让充满魅力的印度乡村故事回归大银幕。当阿米尔扮演的布万在最后一击打出六分的高分，观众的欢呼声比板球运动员 M.S. 东尼在世界杯上打出类似成绩时还要响亮。这部影片不仅关乎娱乐，它还触碰到 10 亿印度人心中的渴望。它让我们相信，我们真的具有上天赋予的能量，我们能够歌唱祈雨，我们能够期待奇迹，因为希望之中孕育着最强大的力量。

《印度往事》这样的影片千年一遇，从制作者构思其精神要义开始，就具备了一部经典之作的雏形。但是《印度往事》阐释的精神并非一夜之间诞生，而是数百人付出努力和牺牲换来的成果，工作人员的巨大付出与团队协作体现在每一帧画面里。本着《印度往事》里的精神，阿米尔决定把印度最受期待的影片的第一场公映放在小城普杰一座不起眼的影院里。这种精神让英国团队不远万里前来出席，也让数千名卡奇县居民战胜自己的个人悲剧（2001 年，一场大地震袭击古吉拉特邦，震中就在普杰）来庆祝属于自己的影片的首映。阿米尔资助了影片拍摄地坤瓦利亚村整个村子，帮助数百人渡过难关，成为一位无名英雄。

影片受到无数人的首肯，其拍摄过程同样令人钦佩。拍摄《印度往事》的旅程本身就是个精彩的故事。最终，这段旅程以胶片的形式永久保存下来。如今，人们仍然以溢美之词提及此片，因其已成为印度电影史上不可或缺的一部分，而阿米尔也可以为自己支持了这个冒险的项目而感到自豪。如果阿米尔·汗制作公司没有拍摄这部电影，惹人喜爱的角色布万又怎能被铭刻进电影史？然而，野心大，相应的代价也就大，阿米尔与他的团队所付出的代价就是个恰当的例子。

序曲

阿索托史·哥瓦力克对自己构思的故事如此痴迷，以至于他迫不及待想要与阿米尔分享，即便这意味着他要在凌晨时分向他口述。阿索托史相信自己的故事极具震撼力，就连睡梦中的人听到后也会一跃而起，但阿米尔的感受显然不同，他觉得故事有些古

> 电影《印度往事》中，人们在庆祝板球比赛的胜利

怪，缺乏可信度，因此，并没有表现出兴趣。他告诉阿素托史："阿素你看，你已经拍了两部不成功的片子，这一回你一定要拍点保险的、美好的东西，而不是什么英国统治下拉贾斯坦邦农民的奇怪故事。"但阿素托史下定决心，不愿放弃。

之前的失败经历迫使阿素托史思考，自己的毕生夙愿到底是什么，他意识到自己需要创作出内心相信的东西，然后寄希望于观众也会喜欢它，于是就有了《印度往事》。即便在遭到阿米尔拒绝之后，阿素托史仍然决定把构思的故事扩展成完整的剧本，因此离开孟买，与库马尔·戴夫和桑杰·达伊玛一起去创作《印度往事》的对白版本。

> 阿米尔在塔塔天空公司的新闻发布会上

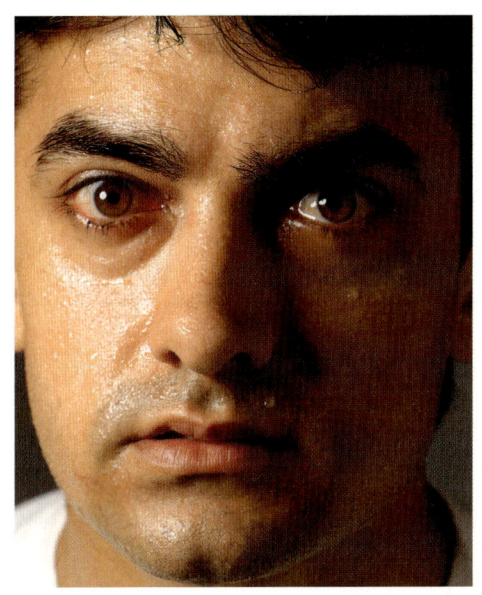

> 阿米尔脸上的紧张与激情在他的表演中清晰可见

剧本一写完,他就立即要求与阿米尔见面。拖了阿素托史很长时间后,阿米尔终于同意听一听剧本。阿素托史的叙述刚一完毕,他就像被炮弹击中般惊愕不已,他在聆听的过程中感受到许多种情绪,被《印度往事》的剧本深深打动。"你是怎么想出这样的故事的,阿素?简直是棒极了……"阿米尔说。然而,他十分清楚,鉴于影片的敏感性,这会是一场代价高昂的实验。能够让它成功的唯一方式,就是把它变成一部主流影片,但他不确定观众会不会买单。在阿米尔的建议下,阿素托史尝试用剧本的可信度来说服制片人和演员拍摄这部电影,但都以失败告终。然而,剧本将阿米尔深深吸引,他想要与尽可能多的人分享他的体验。阿米尔在创作上的野心以及他热爱挑战的性格,让《印度往事》势不可当。但只有疯子才会拍这部电影,而他就是个疯子。为了保持影片的完整性,阿米尔决定自己担当制片人。对襁褓期的《印度往事》来说,这是个关键的转折点。

对团队人员的选择,阿米尔的标准很简单——任何参与《印度往事》制作的人都要信任剧本及导演。在阿米尔的要求下,阿素托史又把《印度往事》的故事讲述了一遍,但这一次,听众是电影投资人贾姆·苏格汗和阿米尔的家人。这是对影片的试水。贾姆同意投资他们野心勃勃的冒险,而且从那时开始,他从未反悔。不管影片超出预算多少,上映时间推迟多久,有多少次美学与创意上的决定逾越了现实条件,他都一直支持影片,从不质疑阿米尔。

AAMIR KHAN

> 《印度往事》的导演阿素托史·哥瓦力克,该片是印度电影史上的经典之作

拍摄这部影片,对阿米尔来说将是一项阻力极大的任务,而只有他,带着足够的信心与胆量,才能完成这一挑战。但制作一部电影就像修建一座庞大的工厂,如果没有一个他能够完全依赖的人来帮忙,是不可能完成的。尽管阿米尔知道里娜过往并没有影视制作方面的经验,但他想要与她分享自己的责任,这样他就能把注意力放在创作方面。一开始,里娜没有什么把握,但阿米尔向她保证,在必要的时候会教导和帮助她,于是,她很快做好了准备。

里娜还擅长与数字打交道,因此,阿米尔想要她监督影片的资金流转。三个月的时间里,里娜与阿米尔的姐姐尼克哈特一起扑在这件事情上。里娜回忆道:"有无数件事情同时发生,我简直无法相信一切能够步入正轨,最终拍出一个镜头来。"她很快发现,阿素托史备下的 8000 卢比的预算根本不够,《印度往事》至少需要 1.4 亿卢比。阿米尔向自己的执行制片人传达的意思很明确:"里娜,你必须保证《印度往事》不超预算,不要让我们为了完成这部影片而被迫无止境地往里面砸钱。如果这意味着向我施压,那就请这么做吧。"

不管里娜需不需要《印度往事》,没人能够否认,《印度往事》需要里娜。"如果没有里娜,我不可能完成这部电影。我说这话并不是因为我是她丈夫。我是说,如果没有她,我真的不可能完成这部电影。"阿米尔说。里娜的参与对阿米尔来说在感情上也大有裨益:这让他们一起构筑事业,探索感情上的新维度。出于不同以往的新的原因,二人之间也越发互相尊重。

> 电影《印度往事》中,布万(阿米尔扮演)与两位美丽的女士高莉(格蕾丝·辛扮演)和伊丽莎白(蕾切尔·雪莉扮演)

AAMIR KHAN

> 阿米尔与里娜在一场电影界聚会上

  阿米尔不止一次见到,由于制片上的失误,创作团队受到多方面的影响,因此他下定决心,一定不能让这种情况发生在他的麾下。但要做到这一点,就必须建立一个井然有素、秉持现代工作制度的专业制作团队。虽然在印度电影圈里,演职人员在几个项目之间协调时间是可接受的工作制度,但阿米尔知道,如果这么做,对《印度往事》将是致命的。所以他决定,全片从头到尾必须按照一个统一的日程拍摄,在这个过程当中,所有的工作人员都只能将身心投入《印度往事》的世界中,任何想要参与这部影片的人都必须接受这一工作制度。为达到这一目标,他邀请儿时伙伴萨蒂亚吉特·巴特卡尔加盟。被阿素托史视为核心成员的尼廷·德赛与他协力,开始与导演一起寻找取景地。尼廷欣然接受挑战,并通过自己的布景,让观众隔着屏幕都能闻到占帕内尔的牛粪味。阿素托史和阿米尔共同的老朋友阿尼尔·梅赫塔兴高采烈地加入他们,担当影片的摄影。

贾韦德·阿赫塔尔是为影片写歌的首选，但这位词作者听了剧本内容之后，建议阿米尔不要拍这部片子，因为剧本违背了电影市场的所有戒律，但那时阿米尔决心已定。多年以后，阿米尔在电视节目《你的法庭》中告诉观众，尽管贾韦德先生觉得他的决定是在找死，但最终还是同意给他们写歌。

说到音乐，他们知道 A.R.拉赫曼是不二之选。虽然在贾姆的要求下，拉赫曼同意为影片作曲，但阿米尔还是想让他先听一听剧本内容。对拉赫曼这样的大人物来说，制片人提出这样的要求是很不寻常的，因为许多制片人都得排队好几个月才能请到他。通常对别人的要求不予应允的拉赫曼，却对阿素托史的剧本十分配合。但他所面对的挑战是，要在影片开拍前两个月，将所有的歌曲都写完。尽管拉赫曼同意了，但按照他以往的写作速度，还是让阿米尔感到忧心。但他无计可施，只能耐心等待。

拉赫曼为影片谱写主旋律时，阿米尔就坐在录音棚外等待。他听完以后，热泪盈眶地进去对拉赫曼说："A.R.，这是多么棒的感觉。我的影片成了！"拉赫曼在接受《时代周刊》采访时回忆道："我从阿米尔的眼睛中看到孩童般的真诚。"

鉴于服装对营造年代感尤为重要，他们选择了印度第一位奥斯卡奖得主服装设计师巴努·阿泰亚。为减轻里娜和尼克哈特的工作负担，B.施里尼瓦斯·饶作为首席执行制片加入。阿米尔想找一个能保证拍摄按日程推进的人，当他要求与他合作《心归何处》的制片人兼导演法尔汉·阿赫塔尔为他推荐人选时，阿普尔瓦·拉基亚的名字被提到。阿普尔瓦曾作为副导演参与过数部好莱坞影片的拍摄，阿米尔在凌晨 3 点的纽约结束一场演出后见到了他，随后，阿普尔瓦作为第一副导演加入《印度往事》团队。

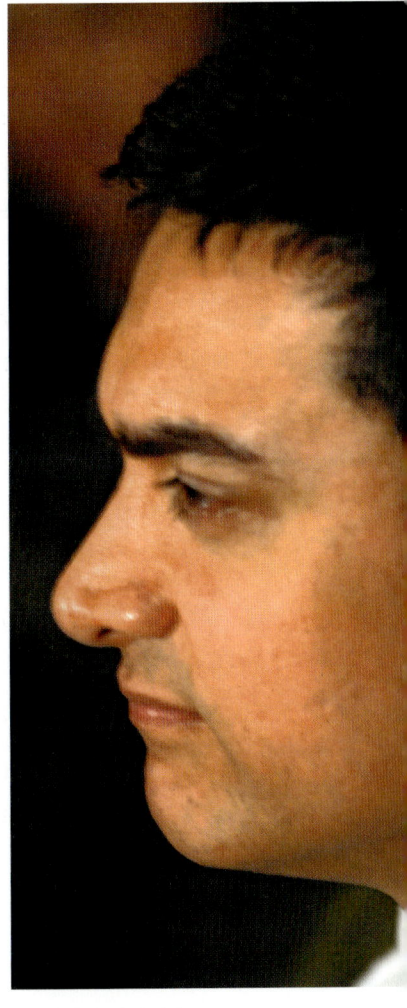

> 沉思中的阿米尔

AAMIR KHAN

> 布里塔尼亚公司前总经理兼首席执行官苏尼尔·阿拉与阿米尔和阿素托史在布拉伯恩体育场一起观看板球比赛，对垒双方分别是《印度往事》剧组与布里塔尼亚公司

影片既要做到真实还原，又要保证观众能看懂，为了在这两种矛盾之间达到平衡，他们请来诗人 K.P. 萨克塞纳用阿瓦德语写对白。这样，演员们又有了个新任务——学习阿瓦德语。他们还决定以同期声的方式拍摄《印度往事》，虽然他们十分清楚，影片是否超支在很大程度上取决于有没有严格按照日程执行，而同期声拍摄可能会带来灾难性的后果。阿米尔相信同期声具有震撼人心的力量，在这一点上他不想妥协，因此，选择纳库尔·卡姆特来执行这项至关重要的任务。纳库尔曾在拍摄《博帕尔快车》一片时表现出色，在熙攘的火车站收录到干净的声音，给阿米尔和阿素托史留下深刻印象。

> 《印度往事》纪念品：《印度往事》板球队所有人签名的球拍

这时，阿素托史也开始四处物色演员人选。格蕾丝·辛与许多女孩一起参加试镜后，将布万心上人的角色收入囊中。阿米尔与阿素托史一起选了她，因为她质朴的样貌和精湛的舞技与角色十分契合。经过严格试镜后，扮演配角的其他印度演员人选也敲定下来。首度担当制片人的阿米尔来到世界的另一端，在英国寻找英国籍演员，这让他大伤脑筋。他的要求太独特——要找能讲印地语又会打板球的英国演员。经历无数挫折之后，在演员经纪人丹妮尔·罗夫的帮助下，他们最终把英国演员阵容定下来。有时候，阿米尔对制片团队做的一些选择不满意，有些演员敲定以后又被替换掉，这让里娜和阿素托史恼怒不已，但阿米尔圆滑地处理了这种情况——允许他们无预算限制地进行重新试镜。

想要完整再现一个有人居住的村子，必须有当地居民的帮助。阿素托史不得不在置景的同时，在卡奇县临时展开试镜。最后从孟买和卡奇选取了近60名演员，来扮演村落里的家庭成员。然而，最大的困难在于，如何为从孟买和遥远的英国赶来的数百人安排住宿。在距拍摄地很远的普杰，他们将萨哈迦南大厦翻修一新，以适应这些都市人的生活方式。大约腾出了60个房间，配备了空调，以及体面的卫生间和卧室。

巨大挑战

在古吉拉特邦西部卡奇县的干旱环境中进行拍摄绝非易事，这里不适宜人类居住，要在这样的地方搭建出英国统治时期村庄的样子，更是难上加难。

AAMIR KHAN

> 萨蒂亚吉特·巴特卡尔导演了一部关于《印度往事》拍摄过程的纪录片,并就此写下一本书

阿米尔·汗等于是挑起了攀登新高峰的重担,就算攀的不是珠穆朗玛峰,也是差不多的高度。所以当制片团队中的施里尼瓦斯·饶在说服承包商达纳哈伊搭建布景面临困难时,阿米尔将他邀请到孟买家中进行商谈。阿米尔向达纳哈伊解释占帕内尔村对影片来说有多重要,而且只有他能够打造出这个村子。达纳哈伊的内心被打动,他相信为阿米尔·汗工作将会是改变他人生的经历。还有一次,当没人能说服卡奇县大君让剧组借用他的宫殿进行拍摄时,又是阿米尔挥舞了他的魔法棒。他的魅力征服了王公贵族,在贫苦的农民身上也同样有效,他说服他们将自己的土地租给剧组,占帕内尔村和板球场就在这些土地上修建。

他将要汇集来自不同文化和种族的多方资源,来打造这样一部影片,着力点只有一个,就是要拍出一部完完全全能够让大众欣赏的电影。在最信任的助手、友人和一个极具才华的团队的帮助下,他迎击这场巨大的挑战,首次应对一部史诗级巨作的制作。开拍第一天,阿米尔的家人来到沙漠中的卡奇县,对他表示全力支持。这是个重要的时刻,是他职业生涯中一座新的里程碑。那时正值斋月,除了阿米尔,还有其他穆斯林演员在工作的间歇进行斋戒。作为制片人,阿米尔在斋戒的同时主持了开拍仪式!

阿米尔努力建立一种不同的工作制度,与此同时,阿普尔瓦为达到阿米尔为他定下的目标而设立新标准。敲定下来的日程安排非常紧张,因此,阿普尔瓦必须保证一切都像时钟一样精确运作。为做到这一点,他借用了多名助理的帮助,并且使用了一款神奇的软件——"电影魔术"。这款软件在好莱坞是个常用工具,但还是借助《印度往事》才首次进入印度电影界。在阿普尔瓦的要求下,每天早上天一亮,整个剧组的工作人员都要在大巴上集合,然后由车把他们载到拍摄现场。有一天,阿米尔迟到了,大巴都没有等他,他只好自行前往遥远的拍摄地。就连女主角格蕾丝·辛也有一次因为迟到被丢下,只能自己赶去片场。

拍摄期间,整个剧组面临多种困难,都将它们勇敢战胜。片场年纪最大的演员之一,A.K.汉加尔(在片中饰演尚布卡卡)已于不久前离世,在拍摄期间,他不得不进医

> 与普丽缇·泽塔在法尔汉·阿赫塔尔导演的影片《心归何处》中,该片曲目《我想知道》广为传唱

院治疗腰痛,但他不顾身体状况,还是回到片场拍完自己的戏份。他说:"如果我离开片场,回到孟买去,那电影怎么办?我决定无论如何,我都要继续拍,死也要死在工作岗位上。"有一天,阿素托史突发严重腰痛,经医生确诊为椎间盘突出,医生建议他至少卧床三个星期,结果,这位导演把自己绑在折叠床上完成了那个阶段的拍摄,简直令人不可思议。

《印度往事》:首次担当制片人的苦痛

> 在孟买电影城举办的新闻发布会上与媒体互动

　　另外一场让人们难忘的事故是两座化粪池的泄漏。片场新建了多个厕所,这两座池子用来储存来自这些厕所的废物。一天,拍摄正在进行,两座池子突然开始漏水,就像随时可能爆炸的定时炸弹。助理们赶紧着手处理,让拍摄不受干扰。

　　英国女演员卡特金在拍摄《印度往事》期间被"印度风情"深深打动,以至于她在为影片搭建的占帕内尔村神庙里举行了婚礼。她说:"我只相信一个神,不管你如何称呼这个神,而神就降临在那座神庙里!"在婚礼仪式上,里娜和阿米尔担当新娘的家长,将她交到新郎手上。许多其他演员也十分怀念他们在片场的时光,回想起来,每个人都为自己能够成为电影史上的一分子而心存感激。

　　然而,当影片的拍摄周期拉长,整个团队几乎都遭到牵连。当事先定下的拍摄期限快要到来时,几乎所有的演职人员都没有了干劲,大家都想尽快回家。身披制片人戎装的阿米尔施展自己的才能,劝说每个人留下来,去完成这个他们已经是其中一分子的梦想。所有人员都答应了,尽管某些人需要重新安排自己在个人生活与职业生涯方面的优先顺序,以完成拍摄任务。

　　影片的叙事部分拍摄完之后,阿米尔回到孟买,发现还有一项考验在等着他。他与剪辑师巴卢·萨卢加不得不费尽心思剪短片子的长度,但最终剪辑版还是比绝大多数的印地语电影要长。阿米尔不顾业内专家们的警告，决定将这部印度有史以来最长的电影之一公之于众——全片长度为 3 小时 42 分钟！

无形之爱的魔力

剧组人员班师之后许久，有消息传来称一场大地震袭击了普杰。剧组已经与当地人结下友谊，这是他们第一次参与在户外拍摄电影。制片团队与制片人获知该地区发生地震的消息后都伤心不已。阿米尔回到普杰，聆听了人们家园遭毁、生灵涂炭的悲剧故事后，感到极度悲痛，曾参与剧组工作的一些村民已经无家可归。数月之后，当阿米尔与团队成员带着剪辑完成的影片回到这里，他们再一次受到村民们家人般的款待，他们之

> 阿米尔在新闻见面会上讲话，背景是他的制作公司的标志

间的关系又加深一层。村民在夏日里尽心招待阿米尔的团队，而当他们陷于水火之时，阿米尔也向他们伸出援手。

突破天际

阿米尔对这部影片有着很高的期许。他在拍摄过程中就已经把观众群设想为世界各国人民，这对此片获得奥斯卡最佳外语片提名大有助益。作为制片人，阿米尔学会了如何施展自己的才能来宣传这部电影，这也让他受益匪浅。他对影片进行大力推介，以确保评审团知晓它的存在。他用自己的方式告诉人们，世界最大的影片出产国有能力拍出制作精良且剧本过硬的电影。影片没有特效，也没有花哨的剪辑，但它讲述了一个可以引起全人类共鸣的故事。

> 阿米尔在位于孟买的国家表演艺术中心举办的关于阿米达普·巴强的著作《巴强传奇》的发布会上

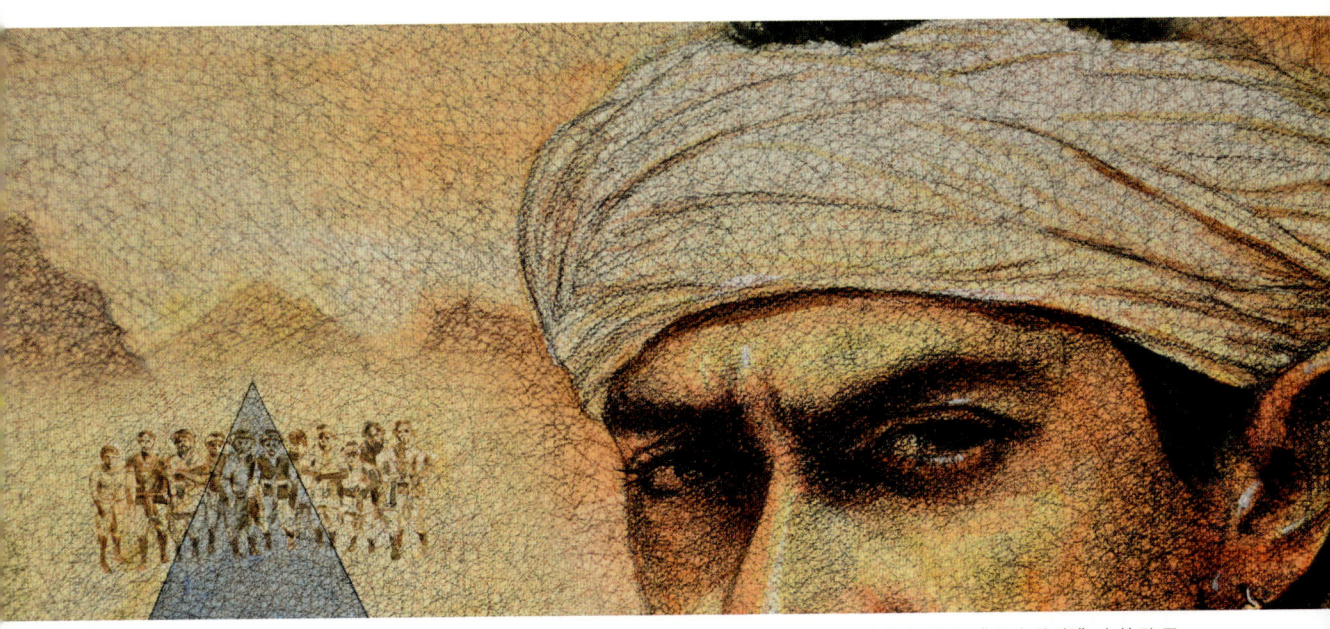

> 艺术家帕尔托·查特吉的画作：画面中的人物是阿米尔与他在《印度往事》中的队员

　　这部影片进入印度管理学院的课程，成为一个研究案例。许多公司开展研讨会，学习如何利用人力资源，以及如何在压力之下优雅地开展团队建设。今天，在银幕上下，《印度往事》都是一个成功的故事。阿米尔出演的第一部电影的导演柯坦·梅赫塔看完影片后评价道："我刚看了《印度往事》，我认为阿米尔的演技更加纯熟，作为制片人，他拥有过人的胆识。我认为，他为此片投入如此之多，是一场勇敢的冒险——这种投入不仅仅是以金钱的形式，我相信这是一个严肃谨慎的决定，我也很高兴这是一个勇敢的决定，而不是受市场驱使的保守决定。"阿米达普·巴强感叹道："这是一部完美的作品——完全没有瑕疵，我已经看了好多遍，并非因为旁白是我录的，而是因为我太喜欢这部电影。"

　　与阿米尔·汗制作公司相关的所有人，都为自己能够成为这部经典影片的一分子而感到自豪。而对阿米尔本人来说，这只是他作为电影人的精彩人生当中又一个里程碑而已。他经受住了时间的考验，扩展了自己的事业，如今，他成为一位大受欢迎的制片人，只在自己旗下制作并支持他认可的电影。这并不是结束，这位巨星的无价品牌又价值倍增。

阿米尔·汗

作者：拉乌夫·艾哈迈德

AAMIR KHAN

他就是他自己的规矩——曾经有人向我如此评价阿米尔·汗。他是个极其固执的人。

我认为这正是他的独特之处,圈内的人们争相效仿的,就是他与众不同的"个性"。

对此,阿米尔明确阐述了自己的看法。"不能为了取悦大众而活,如果这么做,就会完全失去自己的个性。"他认为,一个独立的个体,无论他多么爱社交,到了最后的时刻还是孤身一人,去面对自身行为造成的后果。

"伟大的人生哲学,"他们说,"但在我们电影行业的背景下行不通。"然而,让阿米尔引以为豪的是,他以常人无法想象的决心坚守了自己的信念,正因如此,他才得以达到今天的地位,超越10亿卢比和20亿卢比俱乐部之上。

> 阿南德·马欣德拉和阿米尔·汗在印度马欣德拉 Mojo 及 Stallio 两款摩托车的发布会上

> 影片《情比金坚》中演唱旋律优美的歌曲《第一次的沉醉》

很长时间以来，行业里那些爱说闲话的人一直在抨击他"死板"的观念和"怪异"的行事风格。他们批评他，说他吹毛求疵，令人不胜其烦，他的"插手"行为把导演逼到束手无策的境地。不过，到最后，差不多15年过去了，他们发现已经无法忽视他的努力带来的改变，他近乎完美的成绩让他们无言反驳。

想要定位阿米尔·汗绝非易事。他让任何一种刻板印象都相形见绌。在电影圈这样一个在很大程度上靠孤注一掷的直觉来维系的行业里，要想解释"阿米尔·汗现象"更是难上加难。

在一家顶尖新闻杂志举办的知识分子聚会上，电影行业的两位忠实拥护者，阿南德·马欣德拉和库马尔·曼加拉姆·比拉（二人皆为印度企业家）问阿米尔，在这样一个很大程度上靠投机来运作的行业中，他是怎样实现一直将艺术与商业相结合这一看似不可能的壮举的，他的答案很简单："我拍我自己爱看的电影。"这并不只是句俏皮话，其中提到的眼界是大多数主流电影人都不具备的。

阿米尔的眼界让他的影片一次又一次席卷票房，这一事实给我们带来惊人的启示：与普遍的认知相反，即便是主流片子也可以有思想。连《自杀现场直播》这样的片子都能获得可与大制作影片相媲美的票房成绩，充分体现了阿米尔·汗品牌的

> 《幻影车神：魔盗激情》第一首歌的 MV 发布会上，阿米尔密切关注着活动进展

可信度。如果没有他的参与和出面，这部影片恐怕很难实现这样的奇迹！

打造可信品牌的过程是无意间开始的，但背后有着精心设计的策略支持。一切的印证从1998年的《古拉姆》开始……

阿米尔·侯赛因·汗与电影的约会有着一个不起眼的开始，那时候，他给伯父纳西尔·侯赛因当助手。纳西尔是拍摄爱情歌舞片的奇才，20世纪五六十年代是他的全盛期。阿米尔给伯父当了三年助手，他曾开玩笑说，以他的身高，他"并没有什么太高的想要当演员的期望"。（"我觉得我不是当演员的材料。"）20世纪80年代中期，柯坦·梅赫塔找他在自己的影片《胡里节》中与基图·吉德瓦尼搭档扮演一个小角色，他的演艺生涯才在不经意间开启了。随后是《灰飞烟灭》，一部由他的好哥儿们阿迪提亚·巴塔查亚导演的实验电影，这部影片让观众得以一窥阿米尔作为演员可以达到的高度——他简直才华横溢！

该片中的表现为他赢得一个预料之外的奖项——1989年的国家电影奖评委会特别推荐奖！阿米尔解释道，《灰飞烟灭》中的年轻主角"是个单纯、冲动的男孩，他的出身与我相似，阿迪提亚希望我能够尽量把我自己的个性注入这个角色中"。角色的名字也叫"阿米尔·侯赛因"。"但他的所作所为都是虚构出来的。"他澄清道。

阿米尔登上大银幕的第一部电影是《冷暖人间》，导演是他的堂兄曼苏尔·汗（纳西尔·侯赛因之子）。该片不仅复兴了"爱情歌舞片"这一影片类型，还为电影圈推出一位具有无限潜力的年轻新星。这部影片诞生之时，阿米达普·巴强的时代已经过去，电影圈正在寻找一种新的风格，以取代已经当道十多年的暴力血腥片。

《冷暖人间》上映第一周，票房成绩平平，然后势头勃发，票房大热！银幕处女作之后，随着《讲心不讲金》《情比金坚》和《爱在旅途》等大片陆续上映，阿米尔的身价一路飙升，一夜之间，阿米尔成了炙手可热的红人。这场狂欢也打开了一些常见的陷阱，其中最危险的就是诸多制片人争相与"新生巨星"签约。

AAMIR KHAN

> 《义无反顾》中纳萨鲁丁·沙扮演的古尔法姆·哈桑与阿米尔扮演的高级警察拉特胡德之间的一场对手戏

  阿米尔开诚布公地承认，由于急于拓展自己作为演员的新疆域，他确实签下了一些平庸的影片，这就不可避免地引发质疑，人们开始怀疑他能否保持自己的银幕生命力。当一枚冉冉升起的新星开始摇摇欲坠，媒体总会借此人做文章，对阿米尔也不例外，流言蜚语很快指向他的个人生活。他确实因此而将自己封闭，这着实是一种不幸的结果，因为他是同辈人里口才最好的。然而，值得让阿米尔引以为傲的是，他并没有采取报复行为，而是选择泰然自若地接受攻击，同时开始默默重塑自己的形象，并重新规划自己的职业生涯。

  他反省道："为什么拍那些电影？我不断问自己。为了挣快钱？我有足够的钱去过舒适的生活，我也不是那种喜欢炫耀的人。"他那时常常开着一辆廉价车到处跑，某一阶段开的是一辆马鲁蒂（印度汽车制造商）Esteem 普通家用车，如果我没记错的话。他当时的妻子里娜从班德拉搭区间火车去孟买南区上班。"这些东西都不重要，"他不以为意地说，"我只需要一辆差不多的车，能够代步就行。"很多年的时间，他就住在一套简朴的公寓里。这些年来，景况可能不同了，但这个人没有变，他依然坚守自己的信念。

> 在影片《义无反顾》拍摄中思考着自己的下一个动作

AAMIR KHAN

> 专门为影片《终成眷属》进行的照片拍摄中，阿米尔迷失在自己的思绪里

20世纪90年代初，阿米尔停下脚步，调整自己的工作方式。当他重新回到工作岗位，在影片拍摄过程中的参与度比以往大大提升，态度也越发严谨。他与马赫什·巴特合作编写了《情牵一线》的剧本，该片大获成功。随着之后拍摄的每一部影片，他的这种风格体现得越发明显，"对剧本和导演的选择变得更加一丝不苟"。同时，他对工作风格也变得极其挑剔。电影圈内的一些资深老人取笑他，说他太过直言不讳，还常常用自命清高的态度提问题。

《古拉姆》拍摄期间，马赫什·巴特不负责任地退居片场一角看小说，让侄子维克拉姆·巴特导演影片，阿米尔发起强烈抗议。开拍若干天之后，阿米尔走到马赫什面前说："如果维克拉姆要导演这部片子，你就应该把自己的名字拿掉，任命他为导演。"马赫什大吃一惊，反唇相讥道："这事应该由我决定，我才是制片人。"阿米尔同样不屑。"但我无法接受，"他说，"你不能抢走一部由其他人导演的片子的功劳，真正担任导演的是维克拉姆，如果你不愿意任命他为导演，我就退出这部影片。"马赫什气得脸色铁青。"都到这个阶段了你怎么能退出？你已经拍的那一部分重拍谁来掏钱？"他反击道。"我来掏。把账单发给我，你会收到支票。"阿米尔眼睛都没眨一下地说，然后转身就走。怒不可遏的马赫什与自己的兄弟兼合伙人穆克什·巴特召开紧急会议，最后决定明智地处理这个问题，他放弃导演之位，让维克拉姆·巴特作为《古拉姆》的导演接管工作。

当马赫什跟媒体抱怨，说阿米尔"扮演上帝"，阿米尔的回答是："我很尊重马赫什·巴特先生，我与他一起拍摄过《爱在旅途》和《情牵一线》等片，合作非常愉快。但当我看到地位像他这么高的导演竟然在与我签约的影片拍摄现场坐着看小说，而让自己的助手来导演，我简直不敢相信。我不得不转过身向他指出，他没有尽到自己的职责，那是我生命中最悲伤、造成的伤害也最大的时刻之一。任何一个导演跟我签约之后再让自己的助理来指导我拍摄，我都不会接受。与维克拉姆合作我没有意见，如果他是正式任命的导演，我会很高兴与他合作。"

AAMIR KHAN

行业内有些人对阿米尔"不通情理"的态度进行指摘,理由是他"目无尊长""不知恩图报"(在阿米尔职业生涯早期,马赫什曾对他大力支持),但没有人能在他的专业上找出毛病。但话说回来,在电影圈里,专业精神并不是受众人推崇的美德。

拍摄《情牵一线》期间,阿米尔就与维克拉姆·巴特结下了深厚的情谊,他一开始只是马赫什·巴特的助手。维克拉姆抓住机会对《古拉姆》的剧本进行修改,让剧情变得更流畅。他还用拉妮·玛克赫吉换下了态度消极的普嘉·巴特当女主角。片中曲目《共游肯达拉》为《古拉姆》的票房推波助澜,这首歌就是阿米尔—维克拉姆二人组合作的智慧结晶。该片后来成为1998年最热门的影片之一。

> 从左至右:影片《巴萨提的颜色》中的卡兰、"DJ"达尔吉特、空军上尉阿贾伊、索尼娅、阿斯拉姆和苏希

> 影片《三傻大闹宝莱坞》中，阿米尔与卡琳娜·卡普尔在雨中起舞

　　我还记得在影片《义无反顾》上映前一天，见到阿米尔时的情形。该片导演是新人约翰·马修·马坦。当时，阿米尔很紧张。是因为影片的敏感主题引发质疑，所以让他心神不宁？还是因为他晓得媒体正虎视眈眈，一旦票房失守，他们就会群起而攻之？他严肃的神情转变为微笑。"不是的，"他否认道，"都不是。我的每部影片上映之前，我都会变成一个宿命论者。以我现在的心态，如果有人告诉我这栋楼着火了，我可能会说那好吧，然后原地不动……"

　　关于人们对影片的好奇与质疑，他说："我认为这很正常。影片阐述的是一个严肃的主题，是关于恐怖主义，但仅限于恐怖主义是如何影响无辜平民的生活……并不是一部说教的影片。"《义无反顾》后来大热，达到了阿米尔梦寐以求的成果——一部敏感题材影片，却击中了很多观众的心。

AAMIR KHAN

> 阿米尔与影片《自杀现场直播》剧组全部成员

  我与导演约翰·马修相识已久,影片拍摄期间,我曾问他阿米尔是否真的如许多人所诟病的那样,爱插手导演的工作。"我认为那是谣传。"约翰说,"在我的片子里能有他这样一位演员,就像多了一个头脑。他关心的从来不是自己的角色或表演,而是影片本身。我认为他的参与是一笔宝贵的财富。"

  很久之后,当阿米尔同意出演《芭萨提的颜色》,导演拉凯什·奥姆普拉卡西·梅赫拉又惊又喜。对于阿米尔作为年轻演员的一分子加入他们的行列,他心存疑虑。所以,当他表示同意之后,拉凯什以为他应该把阿米尔的角色改得更丰满些,以与他的巨星地位相匹配。但阿米尔竟然阻止了他,这让他颇感吃惊。"请不要改动剧本或我的角色,"他说,"应该是我去适应角色，而不是要你为我量身打造角色。我喜欢剧本现在的样子。"梅赫拉无法相信自己的耳朵。

不少人认为他在生活和工作当中极其挑剔，且步步为营，因而令人反感，针对这种说法，阿米尔曾回应道："我的确会立下标准，并全力以赴达到它，我不认为这是个缺点。步步为营？也许从某种程度上来说我确实如此，可能是跟我早期下象棋的经历有关。但我不认为我有那么按部就班，我也不是那么会算计，我人生中的许多重大决定都是一时冲动做下的⋯⋯比如说辍学、我的（第一次）婚姻、做演员，这些都是一时兴起当即做出的决定。"

"他简直就是疯子！"一位友人曾经开玩笑说。但在他的疯狂之中，一定是有计策的。在他的职业生涯里，除了刚开始的那段失误，他几乎没有走错过一步。有意思的是，他选择与难以捉摸的天才导演拉姆·戈帕尔·维马合作，开启自己职业生涯的"新阶段"。具有开创意义的影片《艳光四射》向人们展示了一个更为粗犷的阿米尔·汗。从俊俏小生到硬汉情人的转变，最终在《古拉姆》里完成。那以后，他的戏路仍在不断拓展。

《艳光四射》之后，阿米尔的品牌一直是票房一支不容小觑的力量，它能推出《未知死亡》和《三傻大闹宝莱坞》等影片，也能同样有效地卖出《德里囧事》和《自杀现场直播》这样的片子。《抗暴英雄》这种偶然冒险拍摄的片子是有失败风险的，但也并不是无的放矢。他在担当制片人（从《印度往事》一片开始）方面也表现得极其出色——充分证明了他对电影这种一向被视为不可控的媒介的超强把控力。他还不顾年轻导演的过往履历与他们合作，并最终获得成功。阿素托史·哥瓦力克曾有拍过两部烂片的污名，但阿米尔还是不计过往，与他合作拍摄了《印度往事》。

"票房大卖抑或票房爆冷，"他相信，"并不能说明一个导演的能力，顶多体现他的商业嗅觉而已。想拍出高品质的影片，必须有天资。"

天资，以及那种自内而外散发的无形光芒，照亮了未知的领域，引领他前行⋯⋯并塑造一座又一座丰碑。

有备而来的演员

"我不模仿任何人,我走自己的路。"

AAMIR KHAN

阿米尔从未有意引领潮流,却在不经意间成为潮流先锋。他倾注很多心思,来寻找完成重要任务的最佳路径。令众人吃惊的是,他的直觉通常是正确的,不管选择的道路多么异乎寻常。他以自己独特的方式呈现多种角色,并用自己的方法为扮演这些角色做好准备,不费力气地就树立起多个典范。

在演员生涯开始之初,他并没有为自己在大银幕上塑造的角色多加考虑,他甚至都没有接受过专业的表演训练。但过目不忘的记忆力为他成功追求演艺事业增加了机会。"我读剧本的时候,它直接就进到我脑子里,就像电脑的记忆功能,把一切吸收进来,然后经过处理,它就永远存在于我的脑海里。"阿米尔说。他仍然记得自己在古吉拉特邦 12 班上学时,人生中第一部戏里所扮演的画家角色的台词。后来他因为错过了一天的排练而被开除,戏没能演成,可台词一直刻在他的"硬盘"里。

在阿米尔·汗的早期岁月里,他并没有做什么引人注目的事情,以此在粉丝群里制造时尚潮流。虽然电影处女作面世之后他收获了一大批拥趸,却也没有发出所谓时尚宣言。影片《痴情鸳鸯》(由里希·卡普尔和迪宝·卡帕蒂娅主演)让大墨镜、波点裙和喇叭裤风靡一时,但《冷暖人间》在时尚方面没有任何建树。然而,当萨尔曼·汗的银幕处女作《真心爱着》在影院甫一上映,市场上立刻就大量涌现出女主角巴亚什丽所戴印着"朋友"字样的帽子以及与她在片中着装类似的服饰。甚至有些对白,比如,"女士,友谊只有一个原则……不说抱歉,不说谢谢",还有"如果你决定做朋友,那就必须负起责任",很快在年轻观众中激起共鸣。

在阿米尔演员生涯的第二阶段,他开始努力塑造自己的性格,以适应要扮演的角色。在此过程中,他的着装风格、头发造型、健身法则以及举手投足都引起媒体热议及粉丝争相效仿。在行业内,他把专业性带到一个新高度,极具自律意识,施展多种技法为角色做准备,并努力寻找更有效的工作方式。

> 拍照前整理自己的造型

AAMIR KHAN

> 准备参加从珠湖骑自行车到班德拉的比赛,为影片《情比金坚》进行宣传

为了拍摄维克拉姆·巴特的《古拉姆》,阿米尔花了许多功夫在片中角色上,整个造型就是为了与角色契合。影片背后所花的心思在银幕之上可以清楚地看到,比如,紧身T恤、手指上各种戒指、各种颜色的背心、皮衣以及脖子上的链子。他在"坏小子"的打扮上添了许多重要的配饰,发挥了神奇的作用,打造出的形象让他的角色在观众心中极具可信度。《古拉姆》上映后,许多年轻人骑着摩托车,在日落时分轰鸣着穿梭于穷街陋巷。决定这种扮相的时候,阿米尔考虑的只是角色,并没有想到这种造型会在影迷当中掀起潮流。

为了让《古拉姆》中的角色西达尔特更可信,阿米尔首次尝试自己录制片中歌曲《共游肯达拉》(与歌手阿尔卡·雅格尼克合唱)。阿米尔努力练习,直到抓住音准,排练了很多天,才开始站在麦克风前录制。他的努力获得了回报,影片上映后,这首歌立即成为流行曲目,尤其深受那些向女友求爱的年轻人欢迎。

> 阿米尔为影片《抗暴英雄》拍摄的一张侧面像

在为《义无反顾》一片进行宣传时,曾负责过若干部阿米尔的片子的阿特马南德建议,制作一尊阿米尔的雕像以用于影片宣传。但当雕塑家拒绝以相片为参照,而是要求阿米尔亲自到场做模特以完成雕塑的创作时,导演约翰·马修彻底绝望了。鉴于雕塑家的这一条件,他甚至都不敢向阿米尔提起这个主意。没人敢想象,像他这种级别的演员会同意站四五小时不动来做模特,但阿米尔理解那是艺术所需,欣然答应了他们的要求!

AAMIR KHAN

> 影片《义无反顾》的导演约翰·马修·马坦

> 在影片《忠肝义胆》中的女装扮相

如果说阿米尔仅仅学到表演所需要的技能，那是远远不够的，他还为每次表演赋予意义。比如，拍摄《忠肝义胆》时，按要求他需要着女装完成一个歌舞片段，为此他特意给自己的腿做了蜜蜡脱毛。其实，他本来可以直接把腿毛剃掉，这样更简单，但他想要体会女性脱毛时的感受。这次令人汗毛直立的经历让阿米尔理解了打扮成女性意味着什么。他还会再来一次吗？如果有选择的话，放弃，但为了片中歌舞片段《心旌摇曳》，他不得不彻底改头换面。

阿米尔总是为自己的角色进行深入思考，所以，不管是《印度往事》里的布万，昂首挺胸、双腿分立，一副内力深厚之貌，还是《心归何处》里情绪饱满、眼神狡黠的阿卡什，他总是能准确地展现出人物的状态，让观众相信，他们在银幕上看到的不是阿米尔·汗，而是他在片中塑造的角色。如今，没有人会驳斥电影学者娜斯琳·穆尼·卡比尔的评论："汗会全身心投入，

> 为宣传《义无反顾》,阿米尔同意为雕塑做模特,在雕塑家位于孟买郊区戈尔甘的工作室中站了四五个小时

AAMIR KHAN

把特写、远景、中景都想到。"拍摄《印度往事》时,他跟演员兼作家拉贾·阿瓦斯蒂学习了阿瓦德语,把自己塑造成一个村民。同样,他又不费力气地把自己变成《心归何处》里的超级酷男,该片与《印度往事》同一年上映。他做了新发型,又在下唇留了小胡子,有品位的西装、职业上装与领带都在年轻人中掀起一股风潮。

阿米尔滴酒不沾,但为了演活《印度拉贾》中的醉酒一幕,他几乎把一整瓶伏特加喝光。每喝一口他就感到极其不适,但还是不停地喝,直到那一幕拍完。他还上演危险特技,比如,在拍摄《古拉姆》时,他冒着生命危险跳到疾驰的列车前。为了与《抗暴英雄》中的莽卡·班迪形象相符,他花了一年多的时间改变自己的身形,并留起长头发和胡子。他不仅不辞辛劳地力求进入角色内心,还出了名地喜欢操控他人和环境,以达到最佳拍摄效果。例如,拍摄《抗暴英雄》期间,为了呈现出晒黑的肤色,他会时不时地邀请剧组成员和其他演员与他一起下象棋。其中一名演员穆尔力·沙马曾在艳阳之下与他对弈,开始他十分好奇,阿米尔为什么这么喜欢在高温天气里下棋,后来发现,这是他在开拍前让大家晒黑为角色做好准备的手段。

在服装、造型、发型方面下功夫,以塑造出符合角色的形象,这只是他为了进入角色而做的诸多激动人心的事情中的一小部分。看着阿米尔在拍摄前对角色如此花心思,也让其他演员开始注意造型、挑选服装,以增加自己所扮角色的可信度。然而,此时阿米尔已经更进一步,让自己的银幕形象更具实质内容,他的彻底改头换面之举在《未知死亡》和《三傻大闹宝莱坞》等影片中展露无遗。

> 阿米尔在影片《这就是人生》片场检查自己的发型和妆面

AAMIR KHAN

　　为拍摄《未知死亡》,他对自己现实生活中的形象进行大改造,以贴近片中角色。虽然已进入不惑之年,但他的工作热情丝毫未减。八块腹肌和特别的发型,打造出一个商界大亨变身为复仇者的咄咄逼人的气势,可以看出他变得更加强壮,并且是经过严格训练才达到如此效果。看过泰米尔语版本的《未知死亡》之后,他知道仅靠在健身房训

> 阿米尔在《心归何处》中潇洒冷酷的造型

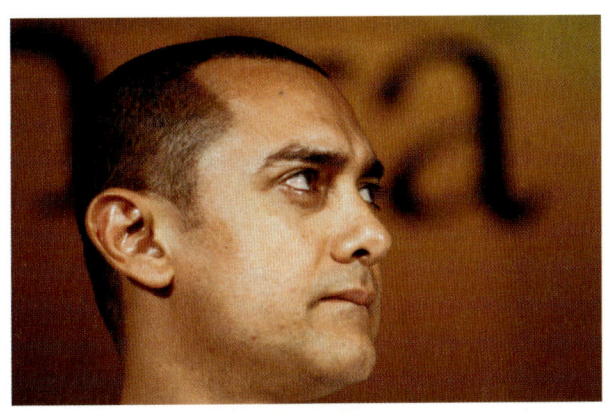
> 带着影片《未知死亡》中的造型参加新闻发布会

练是不够的，因此，他还同时聘请了营养学家维诺德·A.杜兰达医生，严格监控他的饮食。导演 A.R. 目鲁古多斯在脑海中已经有了这个角色的形象，他需要一个健美的身形，他想让富有、衣冠楚楚的桑杰·辛哈尼亚拥有清瘦、凶狠的面貌，胸腔里燃烧着复仇的怒火。剧本拿给阿米尔时，他正在导演《地球上的星星》，他找到健身教练萨蒂亚吉特·舒拉西亚，让他帮助自己训练成符合角色的样子。角色的要求让他想出一种新策略。他要从《地球上的星星》里平凡的美术教师转变为《未知死亡》里痛失爱人、伺机复仇的商人，阿诺德·施瓦辛格成为他参照的标准。当他在 2009 年被问到是如何塑造自己的身材时，他解释道："我的健身教练萨蒂亚吉特·舒拉西亚领悟力很强，对自己训练对象的身心状态非常了解，这一点很重要。选择一名好教练之后，要完全信任他，他们是专家，比我们更清楚身体在压力之下会有怎样的表现。"

他的教练惊叹于这位客户的自律性，他期待阿米尔付出百分之百的努力，结果获得比这还要高的参与度。这位演员每天举重三小时，坚持了将近 13 个月。阿米尔居住的马里纳公寓的车库被改造成临时健身房。萨蒂亚吉特此前为其他演员担任过健身教练，比如，赫里尼克·罗斯汉、扎耶德·汗、拉妮·玛克赫吉、埃沙·戴尔、赛义夫·阿里·汗和阿贾耶·德乌干。阿米尔在 80 公斤的基础上减重 12 公斤，并练出八块腹肌。电影海报发布之后，阿米尔对萨蒂亚吉特说："如果不是因为我要拍《地球上的星星》而有所松懈，我们本可以做得更好。"他或许对自己的努力不够满意，但影迷们已经别无他求。

AAMIR KHAN

> 与拉妮·玛克赫吉和童星吉尼特·拉思为电影《觅迹寻踪》所拍的宣传照

　　他为何一定要费尽心力去实现这一转变？阿米尔在接受采访时说："我需要练成这种体格，因为你看到我的那些行动，你会相信我能做到那些事情，是因为我的身体。"他补充道："我每天花三小时锻炼，从2007年3月15日，我生日的第二天开始，直到2008年4月21日。"他说："这一时期，我学到许多关于健康的知识，以及我能把自己推到什么样的极限。"他接着又透露了一些细节："健身是以三天为一个循环，周一练胸部和背部，周二练手臂，周三练肩膀和腿，然后重复这个循环。这其中还包括每天半小时到一小时的有氧运动，另外还有腹部，锻炼核心肌肉，练出六块腹肌，差不多1000个卷腹。状态好的时候，我会给自己加量。根本没有时间思考……因为我疼得不住尖叫！但我坚持一定要有八小时的睡眠，不管几点上床，都要睡满八小时，然后起床开始训练。那时候很辛苦，我正忙着《地球上的星星》的后期制作。我会完成锻炼，冲个澡，小睡一会儿以恢复体力，然后再去工作。"

　　值得注意的是，之前只有极少数演员曾如此费尽心力以进入角色，然而对于阿米尔来说，这种例子不止一次，还有许多。

虽然阿米尔的外形一直为他赢得大批女粉丝，但随着时间流逝，他与其他演员一样年纪渐长，可在银幕上从来看不到他脸上有岁月的痕迹。即便是今天，他也比同龄演员看起来显得年轻许多，而他却把自己年轻的样貌归功于父母："我猜可能是基因的缘故。"即便如此，过去几年里他还是开始对自己的饮食严加控制。"我发现，饮食决定人的样子，所以我密切关注自己的饮食、健身和睡眠。"他告诉人们。他的饮食非常均衡。"我每天吃六顿分量很小的餐，食物都是精确定量的，因此我知道自己摄入了多少卡路里。"他说道。与早些年不同，他现在严格按计划训练，并常年保证八小时睡眠，还每天饮用大约四升水。"我采用积极且均衡的生活方式，这就是我的秘诀。"他透露说。

不论角色有什么样的要求，他都尽量去达到。为了拍摄《三傻大闹宝莱坞》，需要进行与《未知死亡》相反的操作，他丝毫没有犹豫。为符合这一角色，他要看起来更年轻，像个大学生。现在已经与20世纪70年代大不相同，那时候，50岁的演员都能扮演大学生的角色，而如今，看上去像不像变得至关重要。尽管让40多岁的演员为观众展现出大学生的样子十分困难，但阿米尔成功地在《三傻大闹宝莱坞》中看起来至少年轻了20岁。他是怎么做到的？他通过改变自己的健身计划和饮食来达到与影片里其他年轻演员同样的状态。营养专家为他精心打造了饮

> 《印度拉贾》中光彩照人的阿米尔和卡瑞诗玛·卡普尔

AAMIR KHAN

> 《幻影车神：魔盗激情》产品发布会上，阿米尔和卡特莉娜·卡芙与媒体互动

食计划，他还开始与班加罗尔印度管理学院的学生一起打羽毛球，有时甚至一天打两小时，电影在那里进行了一个多月的拍摄。他不得不放弃八块腹肌，以及为《未知死亡》辛苦练就的瘦削身形。但他的努力又一次获得回报，影片获得巨大成功。

阿米尔一旦认准一个项目，就会全身心投入其中，《三傻大闹宝莱坞》就是个绝佳的例子。该片由这位明星设计出清晰的营销策略来进行宣传，一举打破所有票房纪录。这一时期，阿米尔的意志力也在不断变强，他成功地戒了烟。以前，他一天至少抽40支烟，但他的家人，尤其是孩子们，给了他很大的动力来戒除这一习惯。阿米尔说："人心是个力量强大的工具。我是在为《未知死亡》进行每天三小时、每周六天训练的那一年多时间里明白这一点的。如果内心的意愿足够强烈，身体就能达到目标，就像瑜伽大师们所说的那样。"这或许也是他能永葆活力的原因之一。

为了给扮演《觅迹寻踪》里的警察角色做准备，阿米尔曾与另一位健身教练迪派什·巴特合作。这位教练在2012年8月接受《星尘》杂志出版的《风度》采访时说："这位明星从未错过一节训练课程，我现在知道人们为什么叫他'完美主义先生'了。他对我非常尊重，我想再与他合作训练。"《三傻大闹宝莱坞》要求他看起来更年轻、不要有八块腹肌，而在《觅迹寻踪》里，他则要学会游泳，因为影片中有几个重要的水下片段。阿米尔不会游泳，为了使拍摄效果更完美，他专门上了游泳课。三个月的时间里，他变身为一名游泳好手。他告诉人们："母亲总是担心我们在水里会发生意外，因此，从不允许我和兄弟姐妹去泳池，所以我们几个都不会游泳。感谢《觅迹寻踪》，让我又多学会一样技能。"阿米尔还通过训练让自己的手脚基本动作更标准，并学习了呼吸技巧，以便在水下长时间停留。

AAMIR KHAN

  自从雅什－拉吉影片公司宣布《幻影车神：魔盗激情》于2013年12月上映之后，该片就成为阿米尔备受期待的作品之一。阿米尔有兴趣进入训练模式，表现出他总是愿意尝试新的方式来保持身材。为了这部影片，他又开始学习杂技、跑酷以及芭蕾。他从美国请了一位名叫戴维的健身教练，以帮助他达到影片需要的完美外形。阿米尔扮演一名杂技演员，是片中的大反派，实现这一改头换面如此重要，以至于影片的开拍日期都要推迟，以便他与搭档女星卡特莉娜能够为他们的动作戏做好准备。

  除了为动作戏进行辛苦训练，卡特莉娜还学习了滑翔伞和唱歌。

  印度医药大会主席迪帕克·查图维迪医生在跟病人们谈到抗衰老时，总是把阿米尔当作一个很好的案例。他认为抗衰老与"激素水平"和"生活方式"有很大关系。因此，他相信阿米尔在工作上的自律是他健康生活方式的体现。"说到激素，他在《义无反顾》和《未知死亡》之类的片子里表现出了极高的睾酮水平，《三傻大闹宝莱坞》里迷人的角色身上可以看出雌性激素之美，而他极高的肾上腺素和甲状腺激素水平，在他的所有作品里都可以看到。他最厉害的一点是，能够利用自己的魅力让观众释放催产素，从而在他与他们之间建立起一种联系。我真的能看见各种激素在阿米尔体内高水平运作，我希望他能继续保持高昂的情绪。"他阐述道。与其他人一样，导演谢卡尔·卡普尔也认为阿米尔·汗多年来容颜未老。阿米尔曾是他充满野心的拍摄项目《时间机器》的演员首选，虽然这部影片最终没能落实，导演还是对他赞赏有加："我的首选就是阿米尔，因为他具有这种脆弱的、迷失太空的眼神。他的脸是没有时间感的，可能来自20世纪40年代，也可能属于未来。那是一种不会衰老的魅力，不像我们周遭许多人的脸上写满了世俗。我认为阿米尔有能力再现戴夫·安南的儒雅派头。他的热情让人想起充满好奇心的小狗，迫不及待想要探索与体验周遭世界的方方面面。"

> 在泰姬陵酒店,阿米尔、里娜与谢卡尔·卡普尔及其妻苏奇特拉·克里希纳穆尔蒂聊天

　　除了对角色全心付出、对工作认真投入,阿米尔还乐于发声,喜欢就行业内他希望实现的改变发表自己的看法。"我们不应该只有五位巨星,而是应该有 20 位。要鼓励年轻人才。"他希望在行业内实现两大重要改革,并且多年来进行积极倡导。他特别强调:"我希望看到行业内实现的两大改变是:第一,以每周为单位的分账系统应该取缔;第二,我们应该重视编剧,提高他们的薪酬。"在一定程度上,他在自己的影片中实现了这一点,但希望进一步扩大其范围。作为一名电影人,他不遗余力地为角色赋予生命,每一部新影片都是他在专业上辛苦付出的见证。

他的旋律

作者：纳伦德拉·库斯努尔
　　　常驻孟买的音乐专栏作家与乐评人

自从《冷暖人间》上映，
阿米尔就在乐坛打出漂亮的开局

AAMIR KHAN

20多年之后，那个形象仍然驻留在人们心中。白衬衫外面套着马甲，领带松松地系着，手指拨动琴弦，缓缓唱出："爸爸说他会名扬天下，我的儿子会大有作为……"阿米尔·汗一炮走红。

虽然他曾在之前出演过《胡里节》，但是1988年的影片《冷暖人间》确立了他明日巨星的地位，也令玖熹·查瓦拉的演艺生涯风生水起。它同时也标志着乐坛新时代的开始，片中每一首歌都成为流行曲目，让音乐指导阿南德—米林德组合及歌手乌迪特·纳拉扬声名鹊起，使得阿尔卡·雅格尼克收获了她早期的一些热门曲目。直到今天，《爸爸说……》《旅伴》《美好的一天》和《只身二人又如何》仍被影视音乐迷哼唱。《美好的一天》因阿米尔和玖熹在树林里游走的画面而尤其令人印象深刻。

许多人都会认为《冷暖人间》是阿米尔在音乐上的最大成就。如果以开创新潮流、广受大众欢迎及获得商业成功为标准，它确实是里程碑式的一笔。但这只是开始，这些年来，他的许多影片中都有出色的曲目。如同全盛期的戴夫·安南、拉杰·肯南和阿米达普·巴强，以及后来的沙鲁克·汗，阿米尔的身影几乎一直在一些伟大曲目中出现。

如果把阿米尔职业生涯的轨迹与他影片中的音乐关联起来，可以清晰地看到一些特点。第一，虽然许多配唱歌手曾为他演唱，但乌迪特·纳拉扬和库马尔·萨奴是使用得最频繁的；另外一点是，他的影片当中囊括了近25年来最流行的曲目；还有一点值得注意的是，他最受欢迎的歌曲当中有一部分是由不同阶段的某些特定的音乐指导编写的。如果我们把他作为童星在其中出现的《西方的回忆》主题曲也算在内的话，可以从R.D.伯曼开始。后来，也有许多音乐指导只拍过一部阿米尔的电影，我们会在文章后半部分提到他们。

让我们先把注意力放在那些持续为他创作歌曲的作者身上，可以把他们按不同时期划分，把大约同处某一时间段的那些归到一起。

以下按照时间顺序列出其中最有名望的一部分，标注的年份是他们为阿米尔的影片进行创作的时间。

> 与拉妮·玛克赫吉共同出演的著名曲目《共游肯达拉》是阿米尔首次献声配唱

- 阿南德—米林德：1988–1991
- 巴皮·拉希里：1989–1995
- 纳迪姆—施拉万：1991–1996
- 贾廷—拉利特：1992–2006
- 阿努·马利克：1995–2000
- A.R. 拉赫曼：1996–2008
- 尚卡尔—埃赫桑—罗伊：2001–2009

他的旋律

AAMIR KHAN

接下来,让我们具体对他们加以分析。

在这些音乐指导当中,早些年占主导地位的很显然是阿南德—米林德和巴皮·拉希里。前者曾凭借《冷暖人间》获得电影观众大奖,后来又为卖座影片《讲心不讲金》(与美丽的玛杜丽·迪克西特合作出演,曲目包括大热的《无法入眠》与《她挺立如柱》)出力。这个二人组还为阿米尔的其他影片创作过音乐,包括《为爱痴狂》(以同名主题曲而闻名)以及没有那么成功的《为了爱你》《青春万岁》和《情侣风尘》。

> 影片《终成眷属》中,阿米尔跟着歌曲《爱的迷醉》的节奏跳舞

由巴皮担纲音乐制作的影片包括《爱爱爱》《真爱无敌》《这就是人生》《恐怖是恐怖》和《爱的故事》，其中《爱的故事》因大热曲目《雨儿滴滴答》而知名，该歌曲由阿米特·库马尔（音乐天才基肖·库马尔之子）和阿莎·波斯蕾演唱。有趣的是，虽然阿南德—米林德倾向于使用乌迪特来演唱，但巴皮却更喜欢阿米特，甚至还在《爱爱爱》中试用了维贾伊·贝内迪克特，维贾伊曾为《迪斯科舞星》（1982）中的米特胡恩·查克拉博蒂配唱《我是个迪斯科舞星》。

纳迪姆—施拉万和贾廷—拉利特组合都为阿米尔创作出极佳的音乐。纳迪姆—施拉万因1991年上映的《爱在旅途》而在音乐上大获成功，其主题曲《你还好吗》和《有爱有魅力》皆由库马尔·萨奴和阿努拉达·包德瓦尔演唱，阿米尔与普嘉·巴特出演，触动了广大观众的心。同一部影片里的《你是别人的爱人》同样大受欢迎，虽然它是加扎勒诗人迈赫迪·哈桑的《我是别人的心头所想》的改编版。

纳迪姆—施拉万对阿米尔还有两项巨大贡献。由阿米尔和玖熹·查瓦拉联袂主演的《情牵一线》（1993）中有热门曲目《透过我的面纱》《共赴旅途》《爱的宣言》（库马尔·萨奴与阿尔卡·雅格尼克）以及《面容美丽的人儿》（库马尔·萨奴）。阿尔卡·雅格尼克因《爱的宣言》在1994年获得国家电影奖最佳配音女歌手奖。三年后，与卡瑞诗玛·卡普尔合演的影片《印度拉贾》推出《问我》（阿尔卡—萨奴）、《外乡人》（三个版本）、《你进入我的生命》（有乌迪特和阿尔卡两个不同版本）和《上天令你如此迷人》（阿尔卡—乌迪特），最后一首的灵感来自努斯拉特·法塔赫·阿里·汗的《上天令你如此美丽》。

贾廷—拉利特创作出阿米尔演员生涯当中最优秀的歌曲之一——《情比金坚》中旋律优美的《第一次的沉醉》。在乌迪特·纳拉扬和萨达娜·萨加姆的演绎下，马吉鲁·苏坦普里的歌词"第一次的沉醉，第一次的宿醉，全新的爱，全新的等待，我该怎么办，哦，不安的心，我不安的心，你只告诉我这些"，今天仍能引起人们的共鸣，充满活力、眼神迷人的阿米尔和艾莎·朱尔卡令人过目难忘，这首歌已经成为一首经典情歌，受到乐迷大加追捧。片中还有赞歌般的《我们是冠军》。

> 与婷蔻·坎纳在影片《复仇的火焰》中的一幕

贾廷－拉利特后来又为阿米尔另外三部影片写歌。1998年，《古拉姆》中推出超级热门的《共游肯达拉》，在这首歌中，阿米尔以念白的风格亲自献唱，而阿尔卡·雅格尼克为拉妮·玛克赫吉配唱，这首歌瞬间走红。第二年，影片《义无反顾》中推出旋律轻快的《这个疯小子》以及性感的情歌《这颗心》，画面中，阿米尔与美丽的索娜丽·本达里共舞。但这部影片中最受欢迎的曲目是贾格吉特·辛格的《理智的人们懂什么》，由纳萨鲁丁·沙出演（阿米尔有一些镜头），以及用于片首字幕的索奴·尼加姆的《不要让生活成为死亡》。

经过一段很长的间隔期之后，贾廷－拉利特再次为阿米尔 2006 年上映的影片《为爱毁灭》制作音乐。这也是兄弟二人最后一次以组合的形式在影片中合作。普拉松·乔希写的歌词意境清新，尚演唱了《月亮替我说》，凯拉什·凯尔担任背景和声，阿米尔在德里一处景点为扮演盲女的卡卓尔唱起小夜曲。在《当我握住你的手》和《看看吧》中，索奴·尼加姆和苏妮荻·乔汉用他们灵性的嗓音俘获了广大歌迷的心。

20 世纪 90 年代后半期，有人称阿努·马利克是当时最多产的作曲家，虽然他的某些曲目取材自国外的流行歌曲。他与阿米尔的合作从 1995 年的《忠肝义胆》和《激情代价》开始，到 2000 年的《复仇的火焰》结束。

《忠肝义胆》中推出乌迪特·纳拉扬与萨达娜·萨加姆合唱的《慢慢住进我的心》，这首歌是从迈赫迪·哈桑的《慢慢地，她成为我的一部分》改编而来。阿努借用了西方音乐家贝多芬的《致爱丽丝》，创作出《我不知道我怎么了》。影片中，阿米尔着女装演唱《心旌摇曳》的片段，则是直接参考了国际热门影片《金屋春宵》。

> 《芭萨提的颜色》原声碟主打曲目中情绪高昂的阿米尔

AAMIR KHAN

与玛尼沙·柯伊拉拉合演的《激情代价》中，除了《国王爱上皇后》（取材自 1973 年经典影片《教父》的主题曲）和《为何偷走我的心》（流行组合威猛乐队的《去年圣诞》的重新演绎）之外，还有一首大获成功的主题曲。

阿努于 1997 年与阿米尔合作影片《爱》，其中有一些喜人的曲目，如《偷走我的睡眠》《我爱你》《恋爱如何发生》和《情人先生》（模仿雷鬼流行歌星 Shaggy 的《情人先生》）。在《复仇的火焰》中，这位音乐指导与拉杰什·罗尚及莱斯利·刘易斯共享荣誉，但他的歌曲《心的嘉年华》和《上天造了你》广受好评。

如果说阿南德—米林德、纳迪姆—施拉万和贾廷—拉利特占据了阿米尔演艺生涯的前半部分，那么后半部分很显然属于 A.R. 拉赫曼。这一时期从拉姆·戈帕尔·维马 1996 年的影片《艳光四射》开始，影片中，乌迪特为阿米尔配唱《该做什么不该做什么》和《朋友请听》。这是拉赫曼首次为印地语电影配乐，他还因此片获得电影观众奖。两年后，在迪帕·梅塔导演的《大地》中，除了萨克温德·辛格演唱的旋律优美的《季节已来临》以及摄人心魂的《夜流沙》，另外还有斯里尼瓦斯演唱的令人心痛的《生命就像》（两个版本）。这些歌曲十分应景，强化了影片的氛围。

拉赫曼与阿米尔在音乐上最成功的合作案例无疑是 2001 年阿素托史·哥瓦力克导演的《印度往事》，歌词由贾韦德·阿赫塔尔创作。这部以板球为主题的影片重新确立了乌迪特·纳拉扬的天才地位，他为阿米尔演唱了编排精彩的《云来了》（村民等待雨水降临的片段）、《朋友》《拉达怎能不嫉妒》和《嘿，女孩》。阿米尔与格蕾丝·辛每次在银幕上一起出现就会擦出火花。在鼓舞人心的合唱曲目《继续前行》中，拉赫曼亲自献声。质朴的音乐与歌词成功营造出村子的乡土风情、氛围、人们的情感以及他们缥缈的未来。虽然这是一部历史片，它却引起所有人的共鸣。

当阿米尔于 2005 年回到大银幕，这位一流作曲家与他再度携手，为另一部历史片《抗暴英雄》谱曲。在贾韦德·阿赫塔尔内涵丰富的歌词搭配下，拉赫曼精心为影片打造出优秀作品。主题曲《抗暴英雄》在凯拉什·凯尔的吟唱下唤起人们的情感，随后又出现它的另外两个版本《火焰》和《灵魂》，其中最后一曲是与萨克温德·辛格合唱。一段令人无法抗拒的旋律，加上卡维塔·克里希纳穆尔蒂和里娜·巴拉德瓦杰感情充沛的嗓音，再搭配一段舞蹈，无疑是全片最精彩的曲目。拉赫曼独特嗓音演绎的卡瓦利歌曲《上天请助我》无比悦耳，为整个配乐增光添彩。

在 2006 年影片《巴萨提的颜色》中，拉赫曼—阿米尔组合强势回归。专辑以哈什

> 影片《疯狂家庭2》的音乐发布会现场，左起为：桑尼·戴尔、沙鲁克·汗、玖熹·查瓦拉（与阿米尔拥抱者）、阿米尔、妮哈·沙尔玛及编剧兼导演库纳尔·科利

迪普·考尔甜美嗓音演唱的圣歌《一神》开场，随后是主题曲《芭萨提的颜色》，由达雷尔·马哈帝演唱，普拉松·乔希作词。歌曲以典型的邦拉舞曲合唱开始，其后融入摇滚乐的重击鼓点和电子器乐声，创造出抑扬顿挫的旋律。女歌手齐特拉在这首歌中演唱的部分很短，但十分出彩。随后是献给年轻人的节奏感强烈、充满活力的《学校》，由纳雷什·耶尔和穆罕默德·阿斯拉姆演唱，阿米尔用自己的独特风格配舞。全曲以电子乐开始，但到末尾逐渐演变为多种风格的融合。这首歌的另外一个版本《学校（成为叛逆者）》加入了歌手Blaaze的说唱，也十分风靡。马德赫什里演唱的《不要告诉我》旋律悠扬，令人精神舒缓，与前一首歌形成鲜明对比。甜蜜的摇篮曲很快被《骚动》取代，这首歌里融入了中东元素，由阿拉伯歌手纳西姆与拉赫曼及穆罕默德·阿斯拉姆共同演唱。歌手莫希特出色地演绎了《热血奔涌》，该歌曲旋律轻柔，歌词内容却充满力量。所有这些歌曲都被完美收录在原声带中。拉赫曼与资深女歌手拉塔·曼吉茜卡合唱了《捉迷藏》，这首歌可能是整张专辑里的最高潮，它那感情充沛、震撼人心的歌词在脑中久久萦绕。最后一首歌《面对面》起到锦上添花的作用，是由纳雷什·耶尔和拉赫

AAMIR KHAN

曼共同创作出的朗朗上口、轻松活泼的经典作品。本片配乐的多样化仅仅是展示 A.R. 拉赫曼绝顶天才的一个案例而已。

2008 年，阿米尔主演的影片《未知死亡》由拉赫曼担任配乐。片中有索奴·尼加姆和贾韦德·阿里合唱的热门曲目《请求》，阿米尔与阿辛上演了一段绝美的户外画面。《我是如何找到你》由班尼·达亚尔和舒蕾亚·戈沙尔演唱，是一首纯粹的情歌。广为传唱的歌曲中包括苏珊娜·德梅洛演唱的风格狂野的《嘿，男孩》，以及舒蕾亚·戈沙尔演唱的欢快舞曲《眩晕》。这张专辑中最优秀的歌曲之一是由卡尔蒂克演唱的《迷醉》，乐曲是嘻哈、流行和爵士风格的和谐融合，各种乐器营造出丰富多样的曲风。

拉赫曼还在 2008 年的《老鼠与猫》中担纲配乐，这部影片由阿米尔联合制片，由他的侄子伊姆兰和性格活泼的珍妮莉亚·狄索莎主演。该片配乐具有创新意识，风格清新，独占音乐榜榜首数周之久。由拉希德演唱的《有时候呀阿底提》，以及由班尼·达亚尔、穆罕默德·阿斯拉姆、Blaaze、阿努帕玛等年轻歌手演唱的《帕普不会跳舞》是其中的最大热门。

音乐三人组尚卡尔－埃赫桑－罗伊在 2001 年法尔汉·阿赫塔尔导演的《心归何处》中呈现出他们最具创新精神的作品。参演此片的还有赛义夫·阿里·汗、普丽缇·泽塔和阿克夏耶·坎纳，片中推出许多热门歌曲。有阿米尔出镜的歌曲包括：由乌迪特·纳拉扬和阿尔卡·雅格尼克演唱的《我想知道》，该曲目中使用了澳大利亚乐器迪吉里杜管；以及索奴·尼加姆演唱的充满怜悯之情的《孤独》。三位主角共同出镜的歌曲极受欢迎，比如，由尚卡尔·马哈德万、沙安和 KK 演唱的《如果有人说我们疯了》，以及尚卡尔·马哈德万和克林顿·塞雷若演唱的《心归何处》。这张音乐专辑是个里程碑，因为它把若干种音乐风格融合起来，创造出一种全新的声音，与当年市面上那些普通歌曲大为不同。

> 影片《讲心不讲金》中,阿米尔充满爱意地握着玛杜丽的手

他的旋律

AAMIR KHAN

2007 年，尚卡尔－埃赫桑－罗伊在阿米尔的导演处女作《地球上的星星》一片中再度与他合作。伤感动人的《母亲》由尚卡尔·马哈德万娓娓道来般地吟唱，搭配童星达席尔·萨法瑞的画面，传递出孩子被迫离开家后的不安全感。尚卡尔·马哈德万演唱的主题曲《地球上的星星》节奏规整，把我们带入一个拥有无尽可能性的世界。普拉松·乔希真情流露的歌词让我们想到自己的童年。由尚与阿米尔一起演唱的轻快活泼的《一起摇摆》是一首有趣的歌曲，搭配的画面是阿米尔扮作小丑逗学校里的孩子们开心。《坚持到底》是一首与影片情节相呼应且充满想象力的歌曲，而《我的世界》中童声演唱的副歌和阿德南·萨米直指灵魂的嗓音让我们得以窥见主角小男孩纯真的内心世界。

其他人：最早在阿米尔参演的影片中担任配乐的是《胡里节》里的拉贾特·多拉奇亚以及《灰飞烟灭》里的兰吉特·巴罗特。席夫－哈里选择歌手阿比吉特和拉塔·曼吉茜卡演唱《传统》里的热门曲目《在这座鲜花之城里》。在其他的音乐指导当中，只有两三个曾在阿米尔的影片当中获得过非常出色的成绩，第一个是图沙尔·巴蒂亚，他为拉杰库马尔·桑托希 1994 年的喜剧作品《假假真真》打造了一张精彩的音乐大碟，因而声名大噪，这些歌曲中有阿米尔出镜的包括《看这儿》和《我的心》。

接下来是桑吉夫－达尔尚二人组，他们俩是音乐指导施拉万的儿子，二人将《终成眷属》里的所有歌曲都交由乌迪特·纳拉扬演唱，包括《爱的迷醉》《我的心》《叮呐可叮塔呐》《我爱过你》和《欢乐与忧愁》，其中的合唱曲目分别与阿尔卡·雅格尼克和阿努拉达·包德瓦尔搭档完成，词作者萨米尔为这些歌曲填词。

2009 年，尚塔努·莫伊特拉也因给拉杰库马尔·希拉尼导演的《三傻大闹宝莱坞》制作音乐而大放异彩。该片的合作演员包括卡琳娜·卡普尔、R. 马达范和沙尔曼·乔希。这位多才多艺的音乐家兼词作者为片中歌曲撰写了恰如其分的、充满幽默感和深情的歌词。这张专辑里收录了索奴·尼加姆演唱的一些热门曲目，比如，与尚和斯瓦南德·可可里合唱的《一切都好》，以及与舒蕾亚·戈沙尔合唱的 Zoobi Doobi，另外还有令人痛彻心扉的《我们不让你走》，以及最后尚在《他似清风拂面》中的独唱。

2010年，阿根廷著名音乐家古斯塔沃·桑陶拉利亚为《孟买日记》作曲，他曾为许多优秀影片担纲配乐，比如，亚利桑德罗·冈萨雷斯·伊纳里图的《爱情是狗娘》（2000）、《21克》（2003）、《巴别塔》（2006）、《美错》（2010），沃尔特·塞勒斯的《摩托日记》（2004），李安的《断背山》（2005）等。混合风格乐队"印度洋"为阿米尔担任制片人的《自杀现场直播》录制了几首歌曲。在阿米尔后来的影片当中，普里塔姆为《幻影车神：魔盗激情》制作音乐，阿马尔·莫西尔为《我的个神啊》配乐。

最近几年，拉姆·桑帕斯开始为阿米尔工作，他制作了《自杀现场直播》的混音版，但他们真正的合作开始于阿米尔担任联合制片人的《德里囧事》一片，该片中推出了一些生动活泼的歌曲，比如，《快跑 D.K. Bose》《女巫快走》《冷酷的情人》和《甜心我要你的爱》，歌词调侃戏谑，在低俗的边缘徘徊，却很受时下年轻人欢迎。拉姆还编写了《我恨你（正如我爱你）》一曲，阿米尔在该曲目中作为特邀演员出场，身着闪亮服饰，戴着超大墨镜，让人回想起迪斯科时代。

拉姆最突出的成就，自然要数阿米尔主持的电视系列节目《真相访谈》，他为该节目制作了主题曲，以及每集末尾播放的根据该期节目主题而作的歌曲。那段时间，他还为里马·卡蒂导演的《觅迹寻踪》配乐，片中推出了苏曼·斯里达尔演唱的具有复古感的《假笑》、索娜·莫哈帕特拉与拉温德拉·乌帕德亚雅精彩演绎的《没有你》以及维沙尔·达拉尼演唱的气氛紧张的《及时行乐》。

总而言之，自从《冷暖人间》上映，阿米尔就在乐坛打出漂亮的开局。他本人就是一个铁杆歌迷，我记得有一次在孟买的霍米·巴巴礼堂看到他身穿《抗暴英雄》莽卡·班迪的服饰出席他最爱的摇滚乐队 Jethro Tull 的演唱会。而且他在电视节目上用钢琴演奏了贝多芬的《致爱丽丝》，另外还在《自杀现场直播》原声大碟发布会上为印度洋乐队担任鼓手。

不错，阿米尔对音乐确实有着绝佳的鉴赏力，那些与他亲近的人都提到他对歌曲品质的关注，这些成就，他的粉丝们都能够在影片中欣赏到。

第二幕：进军严肃电影，开启导演生涯

"电影有自己的生命，就像一匹野马，如果你不懂得驾驭，就会被它牵着鼻子走。"

AAMIR KHAN

　　2001 年对阿米尔来说喜忧参半。他担纲制作的第一部影片《印度往事》大获成功,但在同一年,他与第一任妻子里娜分居。虽然《印度往事》和《心归何处》的成功让他勇气与信念倍增,但离婚将他彻底击垮。2001 年至 2005 年之间,阿米尔没有签约一部影片,甚至连任何剧本都不考虑,那是他生命中的一段创伤期。"在我与里娜分居的那段时间,我知道自己在情感上和精神上都不在工作状态,所以我停止了工作。"他在接受 M 杂志采访时说道。他很庆幸自己没有签约的影片需要拍完,这要感谢他一次只专注于一个项目的决心。他完全不在意人们会不会忘记他,他只知道自己在人生的那个阶段无法工作。

> 为影片《心归何处》进行的拍照环节中,阿米尔摆出沉思的姿势

> 《心归何处》剧照，阿米尔留着刺猬头和小胡子

他那时候只关心孩子们。"我希望把所有的时间都给他们……就和他们在一起,抱抱他们,让他们安心。所以我哪儿都没去,天天都在家。"他在同一场采访中说道。

那么是什么机缘让他结束休假,回归影坛?2003年,柯坦·梅赫塔再次找到他,在选择影片时总是把导演放在第一位的阿米尔无法拒绝。这位把剧本列为第二重要考虑因素的演员,很喜欢梅赫塔为他叙述的故事内容。这是一部历史剧,与阿米尔年少时梅赫塔找他拍的第一部电影截然不同。"一个公司统领一个国家的概念对我来说特别吸引人。事件可能发生在1857年,但影片涉及的问题在今天仍能引起人们的共鸣。"阿米尔在一次采访中提道。影片主要探讨了自由的概念,对一个社会入侵另外一个社会并将其接管的权利提出怀疑。无论是什么原因促使阿米尔接拍柯坦·梅赫塔的《抗暴英雄》一片,很显然他此时是靠自己做主,依照自己的标准选择自己喜欢的东西。

签下影片之后,他将自己完全沉浸在印度首位自由斗士莽卡·班迪的角色里。虽然关于莽卡几乎没有什么记录,但是关于那一时期却

> 阿米尔在《抗暴英雄》中的造型,把胡须捋成完美的弧度

> 影片内外——阿米尔与《抗暴英雄》里角色的人形纸板合影

> 在柯坦·梅赫塔的办公室为《抗暴英雄》进行照片拍摄，时间已是午夜过后

留存下大量信息，这些信息帮助阿米尔对故事发生的年代进行了解。"我只是深入了一小块，但它让我对那个年代有了一个感觉。"阿米尔回忆道，并补充说，"这部影片把莽卡当作自由的象征，他代表印度社会中开始质疑并逐渐崛起的那一部分人。"影片拍摄的消息发布以后，在商业圈激起千层波浪，因为阿米尔在沉寂许久之后终于又签约了一部影片。

AAMIR KHAN

　　电影拍摄期间,阿米尔过着一名印度佣兵的生活。长发、胡须和包头巾在拍摄之外的时间也伴随着他。虽然这是一个艰苦的拍摄项目,但阿米尔全身心投入了三年时间。在那段时间里,他还用同样的造型为 Titan 表拍了广告。无论如何,他直到影片杀青之前都拒绝改变自己的造型。"参与这部影片的拍摄十分艰难,这是一部令人费尽心力的影片,但到最后,也是一段令人获益匪浅的经历。"他说道。

　　自从影片开拍的消息传出后,人们都满怀期待地等着它上映的那一天。他的影迷都迫不及待地想要看看,自己最喜欢的艺人这次会带给他们什么样的演出。大约是此前一年的同一时间,沙鲁克·汗主演

> 影片《为爱毁灭》中,导游雷汉(阿米尔扮演)与祖妮(卡卓尔扮演)

> 与索娜丽·本达里在《义无反顾》中的浪漫一幕

的《爱无国界》一片也上映了。这两部影片的发行都是由雅什-拉吉影片公司负责。虽然《抗暴英雄》并未被视为一部成功的电影，但它的首轮票房成绩却比《爱无国界》要好，这一消息是很久之后才公布的。然而，阿米尔却一点也不受这种市场惯例的影响，他为自己的影片感到骄傲。若干年后，在电视节目《你的法庭》中，阿米尔透露，《抗暴英雄》获得的成就是他的许多其他成功影片的两三倍。在同一节目中，阿米尔还分析了影片失败的原因，他认为其中一个原因可能是影片没有与观众建立感情上的联系，爱国热情高涨的印度人想要在影片中看到统治压迫他们多年的英国人被彻底击败，然而，阿米尔无法改变以历史事件为原型的影片结局，他演的角色最后被绞死，观众可能不喜欢这样的结局。

> 在《芭萨提的颜色》中的扮相

在这一阶段，对阿米尔来说，商业上的成功或失败已经不是什么要紧事，重要的是他参与的影片项目能够让他感到开心和满足。他接下来的两部影片，2006 年的《芭萨提的颜色》和《为爱毁灭》为他树立了一个需要人们严肃对待的多面手演员的地位，他在前一部里扮演了一个爱玩乐的德里青年，在后一部里则令人信服地诠释了一个无情杀手的角色。观众对这两个角色都青睐有加，并且对他轻松驾驭正面及反面角色的能力十分钦佩。两部电影都反映了当时年代里的社会问题，并探讨了如何寻求解决办法。

当他签下《芭萨提的颜色》的时候，他知道关于自由斗士巴格特·辛格和钱德拉·谢卡尔·阿扎德的故事已经拍了四部电影，而且都不成功。当阿米尔把影片拍摄计划告诉身在纽约的姐姐，她吃惊不已，并警告他要慎重考虑。但是阿米尔已经决心以身犯险，因为他很喜欢剧本的编排——当代主人公及他们所受到的启示与印度自由斗士的历史故事并行。用阿米尔的话说，这部影片是关于今日年轻人的，他们对当下社会与政治问题缺乏参与度。

影片导演拉凯什·奥姆普拉卡西·梅赫拉对阿米尔作为演员的敏感度如此评价："我从来不用告诉他该怎样拍一场戏，只要告诉他不要做哪些事就可以了。《芭萨提的颜色》里有一个镜头，是阿米尔得知 R. 马达范死于空难的消息后失控痛哭。计划是在周一拍摄，阿米尔整个周末都在为它准备，但到了周一，我觉得我情感上还没准备好。我无法想象他的'失控痛哭'是什么样的，我想了两三天……而到了拍这场戏的时候，阿米尔就对着镜头和镜头之后的我哭了起来。"这部影片在票房上的成功反映了一个事实：它激起了观众心中的自豪感与愤怒之情。一部影片能够如此撼动观众的良知，以至他们观影之后会想要做些事情来改变自己以及改变社会，诸如此类的情况极少发生。《芭萨提的颜色》这样的影片难得一见，拉凯什也因他的开拓性壮举获得电影观众最佳导演奖。

AAMIR KHAN

> 以《未知死亡》中的造型，与萨尔曼·汗一起出现在《十倍钱进》节目中宣传自己的影片

影片中刻画的无政府主义引发争论，群情激愤的行动主义驱使人们发起烛光游行。尽管一段时间之后，这些运动的影响力逐渐消减，但阿米尔在片中的形象却留存于人们心中。对于所有这些，阿米尔唯一的回应是："好极了。"有人拍摄了一部名叫《鲁巴鲁》的片长85分钟的纪录片来反映这部影片对国家的影响，故事围绕一群无忧无虑的好友展开，他们奋起反叛，用极端方式攻击政府，以表达对印度日益严重的腐败问题的态度。它记录了现实生活中的真实事件，同时也聚焦于电影中论及的问题——包括敦促将杰西卡·拉尔谋杀案凶手绳之以法的烛光游行，以及安纳·哈扎尔领导的抗议活动。梅赫拉本人就曾参加1989年反对印度前总理维·普·辛格试图执行达尔委员会建议（按照种姓限制人民在政府内职位）的抗议游行活动。在梅赫拉拍摄《芭萨提的颜色》期间，对这段混乱时期的记忆发挥了重要作用。

> 阿米尔艰苦训练,为影片《未知死亡》练就瘦削身形及八块腹肌

AAMIR KHAN

> 德鲁克白莲花学校的孩子们送给阿米尔贺卡。这所学校位于拉达克的列城,《三傻大闹宝莱坞》有一部分场景就是在该地拍摄的

在不计代价地让自己融入角色方面，阿米尔是个专家。他在每部影片中都会发掘自己某一方面的新潜能，为角色增光添彩，这一点众所周知。在《为爱毁灭》中，他呈现出两副面孔，且每一副面孔都十分可信。阿米尔坚信，一个创作者的责任远不止于娱乐观众，还包括通过向公众灌输价值观来建立社会秩序。他感到自己有责任提高人们对社会问题的认知度，他的这种信念对影片在古吉拉特邦的商业成绩造成了严重影响。由于他的反纳尔默达大坝言论，由库纳尔·科利导演的影片《为爱毁灭》在古吉拉特邦被推迟上映。但阿米尔拒绝让步，坚守自己在纳尔默达大坝问题上的立场。他相信自己在表达对此事的看法上没有任何过错，因此，他决意不为自己的言论向任何人道歉。最终，影片在古吉拉特邦还是获得了一些商业上的成绩。

阿米尔总是全身心投入影片，而这些影片也展现了他高度的专业精神，他的这一品质尤其受到导演们的称赞。拉凯什·奥姆普拉卡西·梅赫拉称："他总

> 在《三傻大闹宝莱坞》的电影海报前

AAMIR KHAN

是全力为电影制作者提供协助。"库纳尔·科利补充道："不管是讨论剧本还是试装,他总是按时出席。"库纳尔回忆起2005年在孟买进行拍摄期间,阿米尔充满歉意地向他请假四天,因为他想与基兰·饶结婚。除了他的责任心,库纳尔还对阿米尔的智慧十分敬佩:"……他智力超群,你认识多少个能单手还原魔方的人?"

作为演员,他近年最出色的作品是心理惊悚片《未知死亡》及喜剧电影《三傻大闹宝莱坞》。这位明星为了在世人面前呈现出两部影片中的角色而费尽心力地进行准备,其精神令人钦佩。他在这两部影片中塑造角色时展现的演技令他的批评者和顽固对手们无话可说。阿克谢·库玛尔于同一年获得受欢迎演员奖杯,他拒绝领奖,称这一奖项应该属于阿米尔,因为他在《未

> 影片《地球上的星星》中与达席尔·萨法瑞的感情戏

知死亡》一片中表现优异，这件事足以衡量出阿米尔付出的努力有多大。萨尔曼·汗前往阿米尔家中，为的是当面为他在此片中令人印象深刻的表现表示祝贺。当其他演员骄傲地炫耀自己的六块腹肌时，阿米尔却以八块腹肌和健美身形远超他人。以保持身材著称的萨尔曼对阿米尔的八块腹肌也十分艳羡。阿米尔努力打造身形，为的并不是成为健身狂人，而是让自己的表演更真实可信。如今，对他的溢美之词铺天盖地，他相信这是自己的努力获得了回报。阿米尔的外甥伊姆兰·汗在接受《印度斯坦时报》副刊采访时说："这么多年来，阿米尔对自己轻描淡写，却为自己的角色浓墨重彩，这一点很了不起。"

> 萨米尔·蒙达尔为《地球上的星星》所绘制的画作

AAMIR KHAN

> 阿米尔与水彩画家萨米尔·蒙达尔。拍摄《地球上的星星》期间,阿米尔向萨米尔学习绘画

在《印度往事》拍摄期间,为阿米尔担任第一助手的阿普尔瓦·拉基亚在 2009 年 4 月接受《星尘》杂志采访时说:"阿米尔是印度唯一一位赢得观众信任的演员,他出演的影片总是能打出漂亮的开局。获得 10 亿人民的信任是件很难的事情,但阿米尔做到了。"阿米尔的天才向人们证明,这位演员从不需要大牌电影制作人的支持来获得成功。

成立阿米尔·汗制作公司 转向严肃电影制作

《印度往事》促使阿米尔铆足了劲儿成为一名制片人。但他并不是个昙花一现的制片人,他想让自己的大旗持续飘扬。阿米尔从伯父和父亲那里学到许多关于电影制作的知识,他以印度电影为豪,并在必要时为其辩护,但他也意识到,剧本薄弱的低水准影片也是印度电影的一部分,从那时起,他立志要在自己旗下制作与众不同的严肃电影。

> 《地球上的星星》拍摄期间,阿米尔邀请画家萨米尔·蒙达尔与他同住,以便学习画家身上的微妙细节

AAMIR KHAN

阿米尔·汗制作公司成立后，就着手引入新导演。当时阿莫尔·古普特与妻子迪帕·巴蒂亚正在构思一个故事，来探讨为什么有些孩童无法适应传统的教育体系。最初只是一个名为《跳高》的短篇故事，后来在几年时间里扩充为一部电影剧本。2008年接受《印度报》采访时，迪帕称她最初的想法并不是阅读障碍症，而是关于日本传奇导演黑泽明的童年故事，黑泽明起初在学校的表现不尽如人意，直到遇见一位开明的美术老师，他才开始绽放光芒，这位老师改变了他的人生。阿莫尔和迪帕在进行关于表现欠

> 阿米尔与影片《德里囧事》剧组

> 阿米尔及外甥伊姆兰·汗与谢纳兹·特雷热里瓦拉（中间）一同出席《德里囧事》的宣传活动

佳孩童的调研时，不断提出问题，比如，他们哪里出了问题？他们是学得慢、不感兴趣还是能力不够？为了寻找答案，他们展开研究，因而得以接触到一些老师、家长和特殊教育者，比如，马哈拉施特拉邦阅读障碍协会的凯特·库拉瓦拉，以及儿童适当教育家长协会的梅德哈·洛蒂卡。在与这些特殊教师的互动过程中，阿莫尔与迪帕对孩童的世界有了更细致的了解。最终，阅读障碍症成为影片的着眼点，关于具有学习障碍的孩童在学校面临怎样的问题、焦虑与喜悦，二人获得了第一手的资料。阿莫尔·古普特为这些孩童开展了一些艺术与戏剧课程，从而对他们有了进一步的了解。他弄清楚他们的头脑是如何运作的，并发现他们中的大多数人想法都是"突破常规"的，这是他最为赞赏的品质。

AAMIR KHAN

> 影片《情比金坚》中的一幕：阿米尔与艾莎·朱尔卡"一见钟情"

阿莫尔·古普特关于阅读障碍儿童的动人故事成为影片《地球上的星星》的题材。阿米尔听了这个故事之后，内心翻涌起不可抑制的情绪，他想要把这种情绪与所有人分享，因而决定为此片担任制片人。他知道这一题材不为众人所知，而且影片中没有女主角，主角是个孩子——这些因素足够让任何一个制片人望而却步，但阿米尔不会这么做。当人们得知他的这一新项目，都问他是不是在拍纪录片，因为商业电影从未拍过这一主题，许多人甚至不知道阅读障碍症为何物。

影片拍摄过程中,制片人与导演出现意见上的严重分歧,因此合作破裂。尽管阿莫尔·古普特大可以找其他人来拍这部电影,但他还是请阿米尔来担任导演。是的,阿米尔早有当导演的意向,甚至在他想当演员之前就有这个念头,但最终,他在 2007 年的《地球上的星星》一片中担当起这一职责。这部影片不仅做到了真实可信,还具有强大的情感张力,让所有观众惊愕不已。该片不仅仅是准确还原现实,它在叙事上还做到了极其有效。影片选取达席尔·萨法瑞出演伊尚,将喜剧元素与剧情片样式完美融合,让人们每一滴喜悦的泪水都流得值得,阿米尔因此获得如潮好评。看了影片之后,所有的孩子都梦想着能有个阿米尔一样的老师——为人和蔼可亲,为学生提供帮助与支持,而

> 电影《幻影车神:魔盗激情》主打歌的发布会现场,阿米尔及卡特莉娜与媒体互动

AAMIR KHAN

> 《义无反顾》中勇敢的高级警察阿贾伊·辛格·拉特胡德的角色

且风趣幽默。他精心打造自己在片中的形象，让他展现出人性中的所有这些方面。影片与观众之间建立了良好的联系，尤其是那些有这类孩子的家庭。它让人们对孩童和教育的态度也出现改观。影片不仅对观众的生活造成了影响，也改变了阿米尔自己。他因《地球上的星星》一片获得高乐普地·斯里尼瓦大奖，这一国家级的私人奖项表彰的是印度电影界首次拍摄作品的导演。这一奖项是由年轻导演高乐普地·斯里尼瓦的家人发起，高乐普地在拍摄自己首部作品的第九天去世。虽然阿米尔平时不接受奖项，他还是去领了这个奖，因为他视其为业界赋予他的极大荣誉。

有人让拉凯什·奥姆普拉卡西·梅赫拉评价阿米尔是个怎样的演员、导演和制片人，他说："我认识的阿米尔是演员、友人和制片人，而且这些身份是互相重叠的。作为导演，我清晰地看到他做演员的样子，他为自己要讲述的故事鞠躬尽瘁，为剧本和导演的意愿而全情投入。作为制片人，他是一位大师，是主心骨，不遗余力地为影片提供支持。"实际上，据说是萨尔曼·汗与阿米尔在一次聚会上相见时向他提议用此片名。"印度夜莺"拉塔·曼吉茜卡看了影片后评论

> 与沙米·卡普尔聊天，沙米与阿米尔的伯父纳西尔·侯赛因关系密切

道："我看了阿米尔·汗的《地球上的星星》，他是个优秀的导演和演员，我视他为私交好友。"

  阿米尔得到来自四面八方的赞扬，但他十分怀念伯父纳西尔·侯赛因的祝福。沙米·卡普尔与伯父是密友，因此，阿米尔选他来填补这一空缺。《地球上的星星》音乐大碟发布时，阿米尔携带音乐团队前往沙米叔叔位于孟买南区的家中。阿米尔后来说："伯父今天已经无法与我们在一起，如果他在世，这对他来说一定是非常快乐的一天。我希望沙米叔叔听一听影片的配乐，也希望得到他的祝福。沙米叔叔最酷了，我与他相处时特别开心。很少有人具有沙米叔叔那种对待生活的态度，我们能从他身上学到很多东西。他给我看了他保存在自己房间里的一张合影，是他与伯父在他们合作的一部影片现场拍的，我高兴极了。"借着《地球上的星星》，阿米尔成为一个彻头彻尾的电影人，他磨炼了自己的演技，同时为自己的制作公司增添价值，但前方仍有许多新的山峰需要他去征服。

AAMIR KHAN

阿米尔·汗

> 阿米尔来到拉达克地区的德鲁克白莲花学校,受到人们的热情欢迎

AAMIR KHAN

　　他在拍摄具有创新意义的、感人的影片（比如，《印度往事》和《地球上的星星》）的同时，也制作了一部轻松的影片《老鼠与猫》，以此将自己的外甥伊姆兰·汗推上银幕。在这部影片中，他再一次以一种新的方式探讨"友谊发展为爱情"的主题，受到观众的高度赞扬。阿米尔为何选取这部影片来开启外甥的演艺生涯？其实，这部影片拍摄背后的故事几经波折。影片最早的制片人是贾姆·苏格汗，由于他经济上出现问题，不得不将拍摄计划暂停，这一任务才"偶然"落在阿米尔肩上。虽然外甥深知舅舅的制作公司成绩斐然，但他不确定阿米尔是否会对制作《老鼠与猫》这样的浪漫剧情片感兴趣，因此，他让舅舅把他和导演阿巴斯·特里瓦拉介绍给UTV制作公司的人，该公司当时正负责《芭萨提的颜色》的制作。阿米尔让他们把剧本叙述给他听，听了故事内容和他们为影片制作的歌曲之后，他同意为此片担任制片人，但是有一个条件：他们要等一年，因为那时候阿米尔正专心拍摄《地球上的星星》。对任何导演和演员来说，如果他们知道自己等待的是阿米尔，那么一年的时间一点也不算长。影片上映后，所有人都看到他们没有白等，它同时也展现出，阿米尔的专业态度不会因合作者是家人而改变，涉及工作时，他对所有人都一视同仁。

　　作为一名制片人，对阿米尔来说，仅仅制作出成功的影片是不够的，通过自己的影片让人们认识到一些社会问题的存在，这一点同样重要。将社会问题与大众娱乐相结合的一个好例子是阿努沙·里兹维导演的《自杀现场直播》，展现的是印度城乡之间越来越大的隔阂。这部影片在很多方面都很独特，片中除了拉格胡维尔·亚达夫之外没有其他知名电影演员，其他演员都是戏剧演员和当地民众。拍这样一部影片不容易，尤其是当你的目标群体是全球观众时。就影片如何面向世界的问题，阿米尔与他的团队展开了多次讨论。在其中一次马拉松式的会议上，一名忍无可忍的助理恼怒地说："阿米尔，这部电影成本这么小，没有明星，没有演员，而我们还为它反复争论。"一开始，阿米尔沉默不语，随后，他告诉所有人，如果他们觉得这部影片如此之差，他们尽可以走开，但他还是会继续推进影片。

> 阿米尔与优雅的拉妮·玛克赫吉在《觅迹寻踪》的音乐发布会现场

AAMIR KHAN

　　阿米尔对剧本有信心,希望为它提供支持。从商业角度来看,它可能不具备娱乐属性,但有故事内容。即便它可能成为一部失败之作,他仍然提供自己的支持。他信心十足地让人们知道这部影片的存在。这部讽刺喜剧,或者叫黑色喜剧,让人们对印度农村存在的问题有了更多了解,在各个阶级中都受到同样的欢迎,收获了普通观众及影评家的如潮好评。总理曼莫汉·辛格百忙之中抽出时间观看了影片,他对导演阿努沙和她的团队付出的努力表示赞赏,他相信影片中论及的问题对所有人都有其重要性,他还认为这部电影非常发人深省,因此敦促电影界多拍些此类影片。《自杀现场直播》成为该年度印度官方推荐的奥斯卡最佳外语片,并入选圣丹斯电影节。

> 在芝加哥拍摄《幻影车神:魔盗激情》

《德里囧事》是阿米尔制作公司的下一部电影。这部影片非常具有现代感，由伊姆兰·汗及两位新演员库纳尔·罗伊·卡普尔和维尔·达斯出演。导演阿布希奈·德奥此前曾拍摄了一部水准较低的片子。许多人认为影片缺乏实质性内容，影评人和对手们对其发起猛烈抨击，他们质疑像阿米尔这样的巨星怎么会与这样一部哗众取宠的影片联系在一起，片中满是污言秽语和过多成人内容。但阿米尔让所有人都闭了嘴，因为影片大获成功！就连片中争议重重的歌曲《快跑D.K. Bose》也很快流行。对于《德里囧事》获得的成功，影片男主角伊姆兰·汗说道："我从来没想到《德里囧事》会获得票房成功。你永远猜不透观众喜欢看什么。"

《印度时报》影评人尼克哈特·卡兹米写道："总体来说，《德里囧事》是个很好的案例，展示了当最聪明大胆的一群人把自己的才能汇聚在一起，是如何创作出一部保证让你值回票价的影片，即便是它把一个夕阳产业所有的陈规陋习都打破。好好享受观影体验吧。"《电讯报》影评人赞扬了编剧阿克沙·维尔马"充满原创性的剧本，懂得动作喜剧与幽默闹剧之间的不同之处"。著名电影市场分析师塔兰·阿达什写道："最终，《德里囧事》大获成功，其首要原因是，这是一部开创性的电影，一部敢于探入未经开发的崭新领域的绝佳影片。完美无缺的生动剧本，搭配上精湛的表演，以及冲破榜单的歌曲，能够让这部影片一路稳赢。"影片还受到国外影评人的高度评价，比如，《好莱坞报道》的丽莎·策林、《洛杉矶时报》的凯文·托马斯以及《卫报》的彼得·布拉德肖。也有一些负面评价，但其势头绝不可能压过正面评价。

对阿米尔来说，重要的是优秀作品，他会为之不惜代价。因此，当他要为妻子基兰·饶的导演处女作《孟买日记》参加试镜时，没有表现出任何疑虑。这部影片的编剧也是基兰，展现的是孟买四个主人公的生活片段，以及他们的生活如何交叉在一起。这是她向这座城市的献礼。阿米尔扮演了一位画家的角色。影片从观众那里收获了不温不火的反响，很可能是因为它既无法被归类为具有娱乐性的商业电影，也不能被归类为文艺电影。

上映后，影片从影评人那里收到的大多是正面评价。《请出票》的资深编辑巴瓦娜·索马亚写道："饶用令人难忘的意象描绘了这座城市的乏味与伟大。"她还补充道："毫无疑问，《孟买日记》是印度电影史上最重要的影片之一。"《政治家报》的马图里斯·保罗写道："《孟买日记》半是气氛营造，半是视觉日记，里面包含许多你不愿看到的伤心时刻，但你又无法避开眼神。"《印度斯坦时报》的马扬克·谢卡尔称："孟买是这部影片的焦点，它可能是世界上唯一一座具有如此多阶级的城市，这些阶级紧密融合，共同汇成一条忧伤、美丽或希望之河，却并不知晓每天互相造成了怎样的影响。这部影片是一流的献礼，是发自肺腑之作，我意识到，这两种称赞都是陈词滥调，但我想不出比这更确切的形容。"有些评论家批评该片节奏缓滞、氛围过度忧郁、矫揉造作、镜头乏味、情节飘移散乱。虽然这部影片具有缺陷，但它仍不失为一部精良之作，所有演员的表演都极其出色。

> 阿米尔与搭档阿布舍克·巴强一同在《幻影车神：魔盗激情》发布会现场回应提问

> 阿米尔头戴圆顶礼帽,潇洒地出现在影片《幻影车神:魔盗激情》的宣传活动现场

虽然阿米尔意识到这三部影片——《自杀现场直播》《德里囧事》和《孟买日记》针对的观众都是小众群体,风险会很大,但他仍然决定为它们担任制片人,因为他非常了解自己的观众,有办法让这些影片在商业上行得通。他制作这些电影时就把全球观众放在心中,发行时也是采用这种方式。他用"艺术电影"一词形容《孟买日记》,因为他心中是这么认为的,因此想对观众以诚告知,观众们一直以来都对他极其信任。

事情一旦涉及阿米尔,就一切皆有可能。导演拉姆·戈帕尔·维马甚至将他与神相提并论,他说:"我把阿米尔称为神,因为他的影片从《印度往事》到《地球上的星星》再到《德里囧事》,在思维模式和主题上如此多样化,而又获得如此大的成功,我从没见过真主、罗摩或者耶稣做出这样的事!"

AAMIR KHAN

　　他的影片《三傻大闹宝莱坞》是印度电影史上最卖座的影片之一。这部生动活泼、充满娱乐性的电影中暗含着一些社会信息，探讨了人类生命中最重要的方面——自我价值的实现。影片为人们带来极大的娱乐，充满趣味性又发人深省，同时具有深刻见地，所有这些因素吸引观众反复进入影院观看此片。影片对当下的教育制度提出疑问，在这种制度下，对学生成绩的强调可能制约了他们天生的灵性以及直觉判断力的发展。在提出问题的同时，这部影片也通过 R. 马达范、沙尔曼·乔希和阿米尔的角色提供了答案。影片说的不是不惜一切代价获得胜利，而是让人们充满希望：如果你遵从自己的内心，就能得到幸福，从而获得成功。虽然影片处理得十分细腻，还是对观者造成很大影响，我们如今仍然能够看到人们在遭遇困境时用"一切都好"（这一信息是用影片中的一首歌来传达的）的口头禅来安慰自己。这部电影强烈要求观众不要追逐成功，而是要努力达到优秀，而在追逐优秀的过程中，成功自然会接踵而至，这一座右铭奠定了影片的基调。

　　阿米尔相信，成功是相对的，只能靠获得成功的人来衡量。"你究竟有多成功，是由你自己而且只能由你来衡量，这就是影片想要传达的核心信息。"在电视节目《开诚布公》中，阿米尔在与 Times Now 频道新闻主播兼主编阿纳布·戈斯瓦米聊天时告诉他。他在《三傻大闹宝莱坞》中饰演的角色兰彻上大学是为了学知识，而不是为了拿学位，阿米尔自己就与这个角色十分相像，在银幕处女作获得成功之后，他签了许多部影片，但对它们都不满意，那时候，他决定追寻自己的内心，即便这不能让他获得成功，但起码他会因为从事自己喜欢的工作而开心。在同一期节目中，阿米尔还说："我跟兰彻很像，如果我追逐的是成功，那么就不会去拍《印度往事》《义无反顾》《芭萨提的颜色》和《地球上的星星》等这样的影片。"这些影片都突破常规，因此带有很大风险。

> 《三傻大闹宝莱坞》中与卡琳娜·卡普尔起舞

活泼乐天、心地善良的兰彻在令人发笑的同时，也让人对他不安分的自由思想极为赞赏，他用自己独特的方式感动了许多人，并改变了他们的人生。44 岁的阿米尔演出了这个大学生角色朝气蓬勃、生动活泼的感觉，表演极其令人信服，这是他这个年纪的其他演员都无法做到的。沙尔曼·乔希和 R. 马达范为阿米尔在影片中提供了大量支持。特别需要一提的是，沙尔曼极其自如地展现出他的角色有趣又戏剧化的性格。

这部影片具有普世价值，全世界的观众都能与之共鸣。在信实娱乐公司的阿尼尔·安巴尼举办的一次活动中，好莱坞资深导演史蒂文·斯皮尔伯格见到《三傻大闹宝莱坞》的导演兼编剧拉杰库马尔·希拉尼，问他道："我把你的片子《三傻大闹宝莱坞》看了三遍，我喜欢它充满人情味的基调，你是怎么创作剧本的？"鉴于这些原因，许多国际上的工作室都计划翻拍此片。这是首部在中国大陆地区上映时拥有 900 份之多拷贝的印地语影片。在中国台湾，这部影片还被改编为舞台音乐剧。

> 年轻的阿米尔与演员桑杰·达特在一次聚会上

　　《三傻大闹宝莱坞》之后，阿米尔又制作了几部影片，接着在《觅迹寻踪》中以苏贾·辛格·谢卡瓦特警官的形象出现。这是他继《忠肝义胆》和《义无反顾》之后第三次扮演警察的角色，但与以往一样，他披上了不一样的装扮——翘八字胡。虽然印度电影圈有一种普遍的认识，认为情感阴郁的题材拍不出好的商业电影，但阿米尔还是在第一次听到剧本内容的时候就决定接拍此片，因为他觉得故事情节新奇、引人入胜且蕴含强大的情感力量。

　　《觅迹寻踪》把阿米尔、法尔汉·阿赫塔尔和里提什·西瓦尼三人再次聚在一起，这是他们继拍摄《心归何处》11年后的再度合作。这是一部悬疑剧情片，有许多让人心跳加速的镜头，同时也探讨了人与人之间各种关系的方方面面。阿米尔在接受《孟买时报》采访时说："与跟我一样对电影满怀热情的人合作更轻松，他们也跟我一样参与过一些实验性影片的拍摄。我很高兴看到影片最后出来的样子，我希望它能够为悬疑片这个类型打开新的出路。"他的妻子基兰非常喜爱《觅迹寻踪》，她说："这是我喜欢的电影类型，每个人都能在片中找到自己喜欢的点。这是一部感情丰富的影片，因此可以触动观众的心弦，同时也能引发他们的思考。"

与其他人一样，本片导演里马·卡蒂也与阿米尔合作得十分愉快。"他很酷，淡然洒脱，而且乐于助人。他对影片项目充满热情，也鼓舞起其他人的斗志。"她在接受《印度斯坦时报》副刊采访时说。我们总是听说阿米尔喜欢插手拍摄，但里马分享了不同的经验。"我们一旦商定剧本，就执行到底。"里马透露道。说到与阿米尔的合作，法尔汉告诉《孟买时报》："他对电影的奉献与投入始终未变。"

> 信实工业有限公司总经理穆克什·安巴尼（左一）、城市发展部长卡迈勒·纳特（左二）、阿米尔·汗与阿迪蒂亚·比拉集团董事长库马尔·曼加拉姆·比拉（右一）在一次颁奖典礼上

AAMIR KHAN

> 阿米尔与沙鲁克在 2009 年的制片人大会上，大会旨在解决制片人与影院之间的分成机制问题

影片中阿米尔最爱的一场戏，是他的角色夜不能寐，在脑中反复上演他如何才能避免儿子之死的画面。阿米尔在接受《银幕》杂志采访时说："扮演这一角色让人精神上极度痛苦，因为在不合时宜的悲剧性事故中失去所爱之人一直是我最大的噩梦、最大的恐惧，而在扮演这个角色时，我需要每天生活在最大的恐惧中，因为谢卡瓦特活着的每一刻，他失去至亲的事实都是一种潜在的情感。"

说到与他合作的演员拉妮·玛克赫吉和卡琳娜·卡普尔，阿米尔快活地告诉《孟买时报》："我很幸运能够跟这两位美丽的女性搭档，可能会让我注意力不集中……另外，我与两人的合作体验都非常棒……能与两人合作对我来说十分幸运，她们是特别棒的女演员，也是特别可爱的人。"阿米尔与她们合作感到十分轻松，"她们都是万里挑一，两人都热爱自己的工作，同时又具有很强的幽默感，让片场的氛围活跃又欢快。"

部分观众认为《觅迹寻踪》节奏缓慢，但影片票房依然不俗。"我对我们因此片获得的反响感到很满意。我不相信鬼神，也没有过超自然体验，另外我也不相信蜘蛛侠和超人，但我喜欢看这类影片。"阿米尔对《人物》杂志说。

拉塔·曼吉茜卡作为阿米尔的影迷，曾说《觅迹寻踪》是他最好的作品之一。"阿米尔总是在尝试新类型的角色、展现不同的故事，这一点我很喜欢。他对电影制作的方方面面都深入参与且要求严格。他不会为了任何事情而妥协，而这对影片来说是非常好的。"现如今，这样的悬疑影片十分匮乏。这位资深歌手也对阿米尔的合作演员们大为赞赏："虽然拉妮的戏份很少，但她的表现还是可圈可点。她是个好演员。对卡琳娜来说，她在片中的角色与她以往扮演的都不同，她的表演十分精彩，也极具可信度。"

多年来，人们对阿米尔的期待值成倍增长，让这位演员颇为惶恐。"人们对我抱有期待，这一点很可怕。拍摄《未知死亡》（2008）和《三傻大闹宝莱坞》的时候，我更加放松，因为它们是更加主流的影片。如果拍摄顺利，你能预期到观众会喜欢它。但是在拍《地球上的星星》《芭萨提的颜色》和《觅迹寻踪》这样的片子时，即便拍得很好，你也不知道观众会不会喜欢。"阿米尔对《孟买时报》说。

有一段时期，几乎所有的目光都聚焦在阿米尔的新作品——《幻影车神：魔盗激情》上。为了出演片中盗贼兼马戏团演员的角色，阿米尔必须再次开展高强度的健身训练。为阿米尔的这一角色担任教练的戴维·波兹南特说："我是专业的马戏团演员、指导和私人教练，所以我在辅助他进行减重训练的同时，也担任他的马戏团教练。"训练的结果是，阿米尔变得瘦削结实、棱角分明。他向《人物》杂志透露："我在《幻影车神：魔盗激情》中扮演一个体操运动员的角色，所以我必须练成清瘦的体形，体脂率降到个位数。我已经训练了一年多，是的，基兰也认为我现在比以前更帅了。"

AAMIR KHAN

> 拉杰什·康纳被称为印度电影界"最早的超级巨星"

  2012 年，阿米尔在芝加哥闹市区开始《幻影车神：魔盗激情》的拍摄，鉴于拍摄周期较长，阿米尔把妻子基兰和他们八个月大的儿子阿扎德也带到了芝加哥。《幻影车神》系列与摩托车密不可分，因此，在这部动作惊悚片的拍摄现场能看到很多摩托车。动作指导正在用几个小玩具为大家讲戏时，阿米尔突然出现，他全身黑衣，头戴黑帽，骑着他的黑色宝马摩托车来到现场，让所有人的目光都转向他。为了搭配他在片中的反派角色，他做了一个前所未见的发型。大家都忙着拍摄时，阿米尔戴着眼镜津津有味地阅读一本关于圣雄甘地的书，书名为《甘地传》，作者是威廉·L. 夏勒，这一切被旁观者比迪莎·罗伊看到。卡特莉娜·卡芙扮演女主角，阿布舍克·巴强和尤代·乔普拉则分别出演贾伊·迪克西和阿里的角色。《幻影车神：魔盗激情》定于 2013 年圣诞期间上映。阿布舍克·巴强在这部动作系列电影中第三次扮演高级警官贾伊·迪克西特，与反派主角阿米尔演对手戏，他说："与阿米尔合作受益匪浅，能学到很多东西，他在片场很会逗趣。他在拍摄现场像个孩子一样，对所有事情都十分投入且充满热情。"

还有一部值得一提的影片是拉杰库马尔·希拉尼导演的《我的个神啊》。该片在拉贾斯坦邦拍摄期间，演员桑杰·达特与阿米尔交情很好，得以加深对他的了解。关于演员阿米尔，达特的评价是："全世界都知道阿米尔精明且谨慎。他是个很酷的演员搭档，我们在拉贾斯坦邦拍摄得很愉快。"虽然他们在孟买的住所相距只有五分钟的路程，却从未在社交场合见过面。"我家的双胞胎伊卡拉和沙赫兰跟阿米尔的儿子阿扎德相处得特别好。"桑杰说。父母们也因为孩子得以增进相互的了解。

多年来，阿米尔证实了自己不仅是个全能演员，还是个市场天才。阿米尔特别卖力地宣传自己的所有影片，脑子里也时时刻刻想着如何让它卖得更好。"我总是寻找一个最根本的主题，我认为这对影片的成功来说十分关键，你一定要能够坐下来把影片的意旨浓缩成最基本的一句话。"他解释道。阿米尔的影片上映之前，没有人知道他的脑子里在想些什么，他总是有很多极富创意的想法来跟观众沟通，每一部影片用的方式都不一样。因此，当阿米尔想出把大象带到《抗暴英雄》的音乐发布会现场，以营造出影片的年代感和氛围，所有人都无法领会他的用意。虽然这一想法最后因为无法获得许可而没有实现，但它完全没有阻碍到阿米尔大胆和与众不同的思考方式。

阿米尔总是以国际影星的视角思考问题，他不会一时兴起接下某部影片，而是会对其进行调研，并在影片制作的各个环节都充分投入。他让整个市场都围绕完成后的影片运转，展开宣传攻势，以确保它成为热门话题。因此，他继《印度往事》之后的所有影片，不论是《芭萨提的颜色》《三傻大闹宝莱坞》《地球上的星星》，还是《孟买日记》，都在国际电影节上广受褒奖，并受到印度本国及全球观众的称赞。

他用尽各种方式对自己的影片进行宣传，但每一次采取的办法都不同，而且充满创意，让市场营销人员都十分好奇，他是怎么想出这些计划的。比如，应某位友人之邀，他出席阿巴斯—玛斯坦导演的《生死竞赛》的首映礼，他在《未知死亡》中的造型首次曝光，人们立刻十分好奇，想要看看他在片中的新形象。虽然这不是他的有意之举，但让阿米尔找到了一种独特的方式来宣传他在这部影片中的新造型，因此，他与印度所有院线达成协议，让他们的员工也理成他在《未知死亡》中的独特发型。这一巧妙又聪明的举动让人们到处都能看到阿米尔在《未知死亡》里的造型，并让它成为大家争相谈论的话题。

他在《觅迹寻踪》和《三傻大闹宝莱坞》中的搭档演员卡琳娜·卡普尔认为自己很幸运，能够与他在接连两部影片中合作。对这位她最爱的演员，她满是溢美之词，但她认为自己没有资格对阿米尔的市场营销策略品头论足。"他是这个领域的鬼才，我们都知道当一部影片挂上他的名号，一定会一路走红。"她告诉《正午报》。

虽然阿米尔非常规的营销策略，不论是用于宣传他的电视节目还是电影，都获得了奇迹般的收效，但他并不认为自己是什么"营销大师"。这位演员就是这样谦虚。他视这些为己任，用尽一切办法保证那些将自己辛苦所得投入他的影片中的人能够获得良好的回报。但这些从来没有影响到他的影片品质。"这并不意味着我会放宽选片要求，不过我并不是大家所说的什么营销大师……对我来说，与人们接触就是营销，为了达到这一目的而做的事情都是水到渠成。"阿米尔描述道。

如今，电影界的大多数人都认为，阿米尔执掌着娱乐圈的大权。这位演员已经进化为一名"彻头彻尾的超级巨星"，并已势不可逆。负责《三傻大闹宝莱坞》一片发行的信实娱乐公司主席阿米特·卡纳相信，阿米尔代表着迪利普·库马尔—拉杰·卡普尔—戴夫·安南时代的回归，那个时代里，电影人都是为了电影而生，并且认为电影除了挣钱，还应该具有更高的社会使命。"但同时，他又与街头年轻人一样与时俱进，玩转 Facebook 和博客（之类的社交媒体）。"阿米尔为人极其可靠，以至于他的友人、《印度往事》第一副导演阿普尔瓦·拉基亚说："塔塔（印度最大的集团公司）品牌具有很高的声望，当拉坦·塔塔推出 Nano 汽车时，我们都知道值得期待。阿米尔拥有类似的声望，他是个永不落败的知名品牌。"

阿米尔觉得自己是件价值飘忽不定的商品，没有什么特殊的能力，幸运的是，这同时也是他的长处。"人们无法预料我的影片能获得多大收益、突破什么样的极限，这一点十分令人期待。就连我也无法预料自己的片子会达到什么样的预期。体验未知的事物有它独特的魅力所在。"他热情地与人分享道。

虽然他在过去因自己的影片赢得了多种类别的奖项，但在近 20 年里，他在出席颁奖典礼的选择上极其挑剔，关于此事，他有自己的原因。阿米尔一向把颁奖典礼视为业界人士聚在一起互相吹捧对方作品的年度活动，他很快意识到，颁奖典礼的真正目的其实十分不同，因而决意远离它们。他认为，在完全不同的背景下的两场表演，要想比出它们的高下是不可能的。"市面上冒出差不多 5 万个奖项，每人分得一杯羹，而且每年还在不断添加新的奖项类别。整个过程在电视上直播，这不是一个颁奖夜，而是为了卖广告而设计的明星聚会。我没兴趣参加这样的活动，对我来说太幼稚。人们打着给我颁奖的名义，利用我赚取收视率和广告收入。"阿米尔表示。虽然他知道影迷们希望他参加这类节目,以便他们得以在镜头上看到他,但阿米尔无法去做他不认可的事情,这并不是傲慢自大。

即便在他作为演员、制片人和导演已经获得如此多的成就之后,阿米尔仍然有一些尚未实现的梦想,包括与往日的一些顶级导演合作,比如,K. 阿西夫、古鲁·杜特、比麦尔·洛伊、梅赫布·罕、V. 尚塔拉姆和维贾伊·阿南德等。我们晓得他永远也无法实现这一梦想了,但是我们也确切地知道,在他的影片中可以看到这些伟大人物的作品的影子,因为他们对这位电影人的思想产生了极为深远的影响。阿米尔也愿意与当下的一些演员合作,比如,萨尔曼、沙鲁克、阿克谢·库玛尔以及伟大的阿米达普·巴强。他希望有一天,有人能够把他们都聚集在同一部影片中。

在这样一个充满虚假的外交辞令和推诿避责的世界里,阿米尔却是个直言不讳的人,一个信守诺言的人。他的电影作品获得商业上的成功以及国际声誉,向人们传达重要的信息并激发人们思考,他的电视节目《真相访谈》半是脱口秀,半是新闻节目。所有这些美德让阿米尔成为当今印度电影的代言人。虽然人们视他为容颜不老的演员,但他自己觉得一个演员的黄金时期最长只有八到十年,并补充说:"不论是女演员还是男演员,都有这个时间限制,他们在这段时期内大放异彩。每个人在自己的职业生涯当中都有光彩夺目的时刻,如果今天是我,明天就有可能是别人。"

阿米尔的最后一句话让我们想起"首位巨星"拉杰·肯南经常背诵的一段台词,是诗人沙希尔·卢迪安维为电影《情诗》所写:

万人敬仰、耀目荣光、欲海沉浮、艰难险阻
世上并无亘久不变之物
我所处之境,昨日已有人踏足
如白驹过隙,仅此而已
但当下,是阿米尔用自己的规则统领着世上所有人的心。

以家为重

"我感到自己非常有福气,
能够拥有如此可爱的家人,
他们通情达理、敏感体贴、
充满爱心又踏实可靠。"

AAMIR KHAN

　　女性一直是阿米尔生命中不可或缺的部分,他是真心诚意的女权拥护者。这位演员总是从他最崇敬的那些女性身上汲取力量。阿米尔生命中最重要的三位女性分别是他的母亲齐娜特、前妻里娜和现任妻子基兰。谈到这三位女性时,他总是直抒胸臆。这三人共同塑造了他的人格,她们从未留给他发展大男子主义的空间。认真做事的心和感知力强的天性构成了这个男人的性格,他备受爱戴,拥有一大批女性影迷。

> 与母亲齐娜特·侯赛因(左)及妻子基兰(右)在家里共度美好时光

从个人及专业的层面来说，阿米尔一直都因他很强的感受力而受到人们的喜欢。这在很大程度上要归功于他的母亲，她塑造了他的秉性，而父亲则在大方向上对他的生活产生影响。"父亲坚强的意志和正直的品性对我有很大启发。"阿米尔表示。他把父亲视为一名真正的斗士，无论如何绝不放弃。"我的感知力可能与他不同，但我继承了他的某些基因。"阿米尔进一步解释道。他还因为在他著名的谈话类电视节目《真相访谈》中改变了男性对女性的看法而受到称赞，有几集节目探讨了婚姻、嫁妆和堕胎等问题。阿米尔本已星光熠熠，而当他展现真实自我、向人们伸出援手时，散发的光芒显得尤其璀璨。除了自家人，他还把功劳归于堂姐努扎特，她对他产生了深远影响，让他对女性面临的困境建立了解。"我 14 岁时，她就让我读西蒙娜·德·波伏娃的《第二性》。"他告诉《女性》杂志。她向他介绍了美术、音乐、政治方面的新鲜概念，并为他解释人际关系中的细腻玄妙之处。

今天，演员、制片人兼导演阿米尔·汗在世界范围内被公认为诚实正直的知名公众人物。但他这种众人皆知的个性，对他自己来说比对大众更有意义。他一直把职业生涯与个人生活分开来，维持一种微妙的平衡，对他这样高知名度的人来说，这一点很难做到。他做到了维持完美无瑕的公众形象，这也不可避免地让人们对他的个人生活产生好奇，而他对此严防死守。这位天才明星在印地语电影界一个都市穆斯林家庭中长大，在媒体的目光注视下，他养成了更加包容的生活态度。他确实做到了基本保有自己的私人时间，比如，直到他与第二任妻子基兰宣布他们第一个孩子出生之前，没有人知道这一消息，他们成功地在事先保守消息，没有向任何人泄露。他显然知道如何将自己的家庭生活保护起来，直到他准备好与人分享的时候。而当他一旦暴露出有关自己个人生活的任何消息，就会立刻受到媒体高度关注，这就是阿米尔·汗的力量。比如，他与母亲的麦加朝圣之旅就受到广泛报道，全程有摄影师记录，从孟买机场一直到他与巴基斯坦板球运动员沙希德·阿弗里迪一起用餐。

AAMIR KHAN

> 阿米尔的儿子阿扎德·饶·汗与亲爱的妈妈在一起

  阿米尔在孟买的自由氛围中长大，因而十分具有独立意识。他成长的社区中，有许多来自不同宗教背景的朋友，所以他在决定与青梅竹马的里娜·杜塔结婚时，并没有考虑他们之间的信仰分歧。二人亲密无间，作为一对相爱的年轻情侣，他们遵从内心的意志做出决定。起初，二人遭到反对，但后来两家人经过深思熟虑，也逐渐理解他们。1986年4月18日，年仅21岁的阿米尔娶了19岁的里娜，这时候正是他在电影圈起步的时刻，许多人的职业生涯都与他的银幕处女作《冷暖人间》息息相关，出于为这些人考虑，阿米尔不得不将他与里娜的婚姻保密一段时间，而当影片宣布大卖，他就立即无比骄傲地向媒体宣布这一消息。即便是在他年少的时候，与里娜结婚的决定就已经向人们证明，他有着成熟的头脑。在这段婚姻中，他有了两个漂亮的孩子，朱奈德（大儿子）和伊拉（独生女）。

  媒体把他和与他搭档的几乎所有女主角联系在一起，虽然他与美丽女演员们的情事一直在媒体上传播，但他从未让这些八卦影响到自己的婚姻生活。他已经接受身为公众人物要具备的品性，然而他还是不允许任何人侵犯自己的隐私。按照他的说法，大家有

阿米尔·汗

> 阿米尔的女儿伊拉（打电话者）在足球比赛后与家人和朋友在一起

权了解他的公众形象，但无权过问他的个人生活，而他想保持这种状态。因此，当这位演员意识到八卦是不可避免的职业危害，他用一种最实用的方式来应对：对于许多找他打探"情事"的媒体人，他选择拒绝与之对话。

里娜之前在旅行社工作，后来，阿米尔邀请她为自己野心勃勃的项目《印度往事》担任制片人，她因而得以在电影制作方面小试牛刀。二人一起长大，共同经历了人生中的高潮与低谷，他们的爱情故事在将近16年的时间里坚如磐石。2002年12月，二人在协商一致的情况下结束婚姻。那么，他们之间发生了什么，导致婚姻关系破裂？迄今为止，二人都对此保持缄默，似乎没有人了解他或她的心痛与忧愁。里娜和阿米尔都没有与任何人谈起过是什么原因导致夫妻关系破裂。二人之间没有口角，没有恶意攻击，也没有互泼脏水。他们没有在公众面前暴露家丑，就直接离婚了。如今两个人仍然保持着健康的关系，由孩子们维系。最终，当阿米尔第一次在媒体面前谈及二人的分离，他说："离婚那段时间可能是最痛苦的时期——不仅对我个人，我想对所有牵扯到的人都是这样。我想不到其他还有什么如此低落的时期。"他坦陈，他抑郁了三年时间，停

> 纳西尔·侯赛因既是阿米尔的伯父，也是他的良师益友

止工作，甚至不出家门。他在一期特别节目中与印度星空卫视娱乐台的女主角们互动时谈及这一话题。如今，二人仍在欢乐和忧伤的时刻一起出现。"我十分珍惜里娜与我在一起的16年时光，我对她怀有最高的敬意与爱，并且会一如既往。"他告诉《印度斯坦时报》。"她性格里充满力量，又极具耐心，她是我生命中宝贵的一部分。我们之间的关系可能改变了，但没有什么事情也没有人能够夺走我们共同拥有过的一切。"他在2013年接受《女性》杂志采访时说。

阿米尔如此注重个人隐私，以至于这些年来他只让极少数人得以一瞥他的私生活是什么样子。直到不久前，这位演员才在他主持的节目《真相访谈》中表达了自己对婚姻的看法。他在《印度斯坦时报》的专栏里对年轻人说："让我们给予婚姻应有的重视度——从各种层面上来讲，包括经济上、感情上、心智上……婚姻是生活中极其重要的一方面，是你建立的一种合作关系，是你选择的伴侣，但愿也是终身伴侣。"

> 在《真相访谈》新闻发布会上

　　与里娜离婚三年后，2005年12月，阿米尔与基兰·饶结婚，基兰曾在《印度往事》拍摄期间担任导演阿素托史·哥瓦力克的助理。二人在孟买按照《特别婚姻法》注册结婚。至少一年半的时间里，他没有对媒体谈及他们的关系，在那段时间，他们处于同居关系中。一旦他准备好向全世界宣布，他就这么做了。然而，当阿米尔决定与基兰结婚时，遭到许多人的质疑——没人相信这样一个大明星会娶一个仍然努力在业界立足的人。他们在他位于潘奇加尼的农场举行婚礼，全家人都到场祝贺。

　　基兰14岁时在家人新买的录像机上看了《冷暖人间》，她透露道："我喜欢影片里的他，但是更喜欢影片本身。我那时候的想法是：'多棒的电影呀，多棒的音乐呀，表演得真好，小伙子真帅！'"她可能无论如何也无法想到，若干年后她会嫁给这个"帅小伙"。在对他有深入了解之前，她对他的唯一印象是"他是行业里不可多得的好演员"。她补充道："就连说他是完美主义者之类的说法，我都完全不知道，直到我遇见他并开始了解他。"

AAMIR KHAN

所以，当基兰获得与阿米尔·汗的制作公司合作的机会时，她感到十分激动，因为这下她可以成为他的影片的一分子了，虽然她晓得自己可能没什么机会与他交流。她与他的第一次接触是在前往普杰勘景的大巴上，没人想到阿米尔也会出现在那次旅行中，因为车上坐满了技工和剧组成员。"超级巨星阿米尔·汗也坐在那辆车上。"基兰后来透露。"但阿米尔不只是坐在车上而已，他还跟每个助理聊天，问他们的名字，向他们介绍自己。"她补充道。这次与阿米尔的接触让基兰意识到，他只是个很酷的普通人，丝毫没有明星架子。"他完全没有'影星'的样子。"虽然他被安保人员包围，但她发现他特别接地气，她觉得他没有自命不凡或者"我不跟助理说话"那样的态度，这让她对他刮目相看。

> 阿米尔、里娜与贾雅·巴强（阿米达普·巴强之妻）聊天

阿米尔记得他们在《印度往事》拍摄现场时常一起玩拼字游戏，他对她的大体印象是，她是个善良、亲和、快乐、聪明的女孩，与她相处很有趣。他还坦陈，《印度往事》里布万戴的耳环实际上是基兰的，他从她那里借来使用。那之后，在基兰从事《心归何处》日程相关工作时，二人再次相见。就是在那时，她提醒他在《印度往事》时向她借过一对耳环，因此欠着她。阿米尔实际上是跟当时的妻子里娜一起去泰姬陵酒店的商店给基兰买了耳环。

但是，他对她开始有进一步的了解是在许久之后，他们一起拍摄可乐广告时。由于阿米尔也是这部片子的制片人，他们就碰巧有了更多时间相处。那时候，他已经再次单身，于是他们时不时地约会。二人在当时都对建立长期的恋爱关系没什么兴趣，但与阿米尔相处了数月之后，基兰开始爱上他，虽然她并未期待这样随意的关系能发展出什么认真的结果。她坦白道："我当时的想法是：'哦……我真的很想跟这个人多相处一些时间，我想多了解这个人。'但我很快就爱上了他……跟他亲密相处了几个月之后，我已经无法自拔。"

> 阿米尔因《冷暖人间》第一次也是唯一一次获得电影观众奖——"最佳新人男演员"奖

AAMIR KHAN

> 阿米尔与妻子基兰的亲密时刻

那段时间，阿米尔仍处在与里娜分手之后的伤痛状态。"那时候，我在感情上很脆弱。"阿米尔承认。他还没有做好认真地投入一段新感情的准备。然而，想要他轻松随意地对待与基兰的关系并不容易。"慢慢地我发现，与她在一起的时候我感到很舒服、很开心，而且我乐于与她分享任何事情。实际上，我们先是朋友，之后才成为恋人。这么多年之后，我感到终于放松了。"他补充道。那么，是什么让阿米尔感到她与众不同？有一次，正当情绪很低落时，基兰打电话给他。两人聊了半小时，放下电话后，他发现自己已经被她吸引。当他把自己的感觉告诉堂姐努扎特，她建议他远离基兰，因为他那时候创伤未愈，无法发展新的恋情。但阿米尔无法控制自己的心，他邀请她同住，让两人的关系更进一步。

孩子们在阿米尔的心目中永远是第一位的，因此，在他与基兰开始一起生活之前，要让孩子们知情，这一点对阿米尔来说十分重要。阿米尔与里娜分开之后，孩子们每周与他相处三天，因此他们能够清楚地看到，基兰阿姨对父亲来说不仅仅是朋友。阿米尔对孩子们一向开诚布公，因此，当他向他们表达了自己对基兰的感情，他们表示同意。所有人彼此之间的关系都很友爱，通过基兰与两个孩子的相处就看得出来。她对他们极其疼爱，赞不绝口："我爱他们，他们太可爱了，里娜把他们养育得这么好，实在是了不起。他们充满热情和爱心，是聪明又踏实的好孩子。"

在一起享受了一段幸福时光之后，两人共同决定步入婚姻殿堂。基兰认为，他们的婚姻更多的是为了让大家开心。"我们在一起很开心。"她解释道。如今，阿米尔得以与像自己一样对电影满怀热情的人喜结连理。两人一起经历过一些美妙的时刻，其中一次是他们在潘奇加尼的烛光晚餐。"在拍摄《地球上的星星》的时候，我说服她跟我一起去潘奇加尼晚餐。我们开车向默哈伯莱什沃尔行驶，半路停在荒野中，吃了一顿烛光晚餐。"阿米尔在一次接受《一周》采访时说。基兰也在同一次采访中坦白："我可能会忘了生活中所有的事，但不可能忘记那个夜晚。"

AAMIR KHAN

> 在一次活动中,阿米尔与穆克什·安巴尼互致问候

阿米尔与大家分享了他爱基兰的哪些方面。"我爱她的活力,那是一种朝气蓬勃、充满正能量的活力,让我得到抚慰和疗愈。她是个特别快乐的人。"基兰对阿米尔极为袒护,能够跟任何惹恼他的人斗争到底。但她让阿米尔着迷的是她在美术、音乐等多方面的造诣。阿米尔还十分欣赏她在美学和设计方面的品位,并对她在创造性方面的直觉深爱不已。而阿米尔敏锐的感知力也总是能够打动基兰的心,她十分欣赏他的这一品质。他经常捉弄她,而这让她很开心,他常常逗她笑,并且总是让她满怀期待。有人让基兰用两个词形容自己的丈夫,她说:"一个好人,同时极具天才。"

阿米尔并不期待基兰按照他的方式做事,或者为他打理家务。"那不是她的职责,而且我能照顾好自己。"他坚定地声明。他完全认可基兰为他的生活所做的付出:"基兰为我付出很多——迁就我的性格,以及我忙乱的日程。她进入我的生活之后,我感到放松了许多。"然而,她并没有影响他在影片上的选择。"经常是她不喜欢我的选择,但看了影片之后又改变想法。比如说,她不喜欢《芭萨提的颜色》的剧本,但是喜欢影片本身。"他解释道。

> 阿米尔与基兰在前去观看《觅迹寻踪》特别放映的路上被安保人员团团包围

AAMIR KHAN

> 阿米尔与基兰出席外甥伊姆兰·汗与阿万蒂卡·马利克的婚礼

这对夫妻有互相倾慕的品质，同时也有一些让对方恼火的习惯。比如，阿米尔的阅读习惯就让基兰很恼火，出于这一原因阿米尔不太喜欢跟她认真地展开讨论。而基兰爱说话的天性最让阿米尔头疼，因为这打扰了他的阅读时光。跟大多数普通夫妻一样，阿米尔在片场领导工作时，基兰就在家，但他在做重大决定时总是跟她商量，这么做主要是为了避免她事后发牢骚。

回想起来，2012年对阿米尔来说是极为重要的一年。基兰和阿米尔成了一对骄傲的父母，他们给孩子取名为阿扎德·饶·汗。他是通过体外受精的方式由代孕母亲所生，出生于2011年12月1日。阿米尔告诉《人物》杂志："他的出生与陪伴是我们所经历过的最美好的事情。"他告诉《女性》杂志，阿扎德是个极其出色的孩子，反应快，喜欢跟人互动。阿米尔透露道，阿扎德出生前，基兰的注意力全都在阿米尔身上。"现在我得跟阿扎德分享她的关注，而我很喜欢这样。"他兴高采烈地补充道。

与他亲近的人都说，儿子阿扎德出生以后，他改变了很多。他不但变得更开朗，而且不再把自己太当回事。有了阿扎德，阿米尔每天都在重新认识自己，他完全享受这一阶段的生活。"阿扎德就是阿米尔的翻版。儿子让阿米尔变得比以前合群和风趣多了，他现在结交的人比以往任何时候都多得多。"他的一位友人告诉《孟买镜报》。

早些时候，由于阿米尔日程紧张，无法花很多时间陪伴阿扎德，但现在他安排好自己的日程，以便每天早上至少有半小时的时间与他相处。基兰则全情投入为阿扎德扮演家长的角色。"她很享受做母亲的时光，也想这么做。我时不时会想给她放个假，但她丝毫不领情。"阿米尔笑道。

AAMIR KHAN

> 电影《冷暖人间》25周年聚会。从左至右为：阿米尔的大儿子朱奈德、弟弟费萨尔、前妻里娜、阿万蒂卡·马利克、伊姆兰·汗、女儿伊拉、阿米尔·汗、基兰·饶、努扎特、曼苏尔·汗及其他家庭成员

AAMIR KHAN

　　如果说阿扎德是阿米尔的软肋（这里是褒义），那么朱奈德和伊拉则是他的盔甲。虽然两个孩子的抚养权都归里娜，但阿米尔仍然积极尽到父亲的职责。时不时地他会与里娜和孩子们一起共进晚餐。"我总是为孩子们感到焦虑，常常无可救药地操心。"他坦白道。但如今，他正在跟女儿学习"放手"的艺术，女儿一直叫他淡定些，但阿米尔还是很难把她的教导付诸实践。二十出头的朱奈德在阿米尔的《我的个神啊》一片中担任导演拉杰库马尔·希拉尼的助理。对此，阿米尔说："是我建议朱奈德学一些电影方面的知识。我不知道他未来有什么打算，这是他首次涉足电影圈，我希望这次经历能让他觉得刺激、充实和愉快。"

> 阿米尔与员工及妻子基兰在他的办公室里讨论问题

> 阿米尔在儿童节特别节目《谁能成为百万富翁》录制现场向阿米达普·巴强和神童考底利耶·潘迪特问好

看起来，生命像是完成了一个循环，这位演员如今看到自己的儿子也走在同样的路上。他真心希望朱奈德以电影为职业，但如果他选择别的道路，他也表示支持。女儿伊拉还处在基础教育阶段。虽然阿米尔获得的知识大部分并非来自所谓的正规教育，但他真心认可教育的必要性，当然并不是传统意义上的教育，相对于正统教育，他更坚持获取知识的重要性。"获得知识和经验，获得那种领悟力，是十分重要的。"他觉得现在谈伊拉的职业规划还为时尚早，但如果她选择从事电影行业的工作，那完全没有问题。"如果对我来说够好，那么对她来说也够好。"他断言。

阿米尔性格当中的另外一个特点是，他对家庭和友人极为忠诚。不论是在工作上还是在个人生活中，他永不忘记信守诺言。很久以前，他曾承诺母亲要带她去朝圣。虽然他为了信守工作上的承诺而忙碌万分，但以家庭为重的他还是陪同母亲齐娜特·侯赛因前往麦加朝圣。在芝加哥忙完《幻影车神：魔盗激情》的拍摄、出席了《觅迹寻踪》的音乐发布会之后，他想办法挤出一段时间来完成这一旅程。这位孝子带着母亲展开了为时14天的麦加朝圣之旅，同行的还有另外八名家庭成员以及一位毛拉。阿米尔倾尽全力让这次朝圣之旅成为每个人难忘的回忆，一行人在麦加入住阿马萨酒店，在麦地那住在艾拉泰吧酒店，两家都是四星级酒店，距圣地步行可达，并且以能够满足国际上最挑剔的旅行者而知名。

AAMIR KHAN

> 清晨为电影《古拉姆》特别拍摄的照片

这是他的第一次朝圣之旅。"这是一段令人感动、引人敬畏的体验,对我来说是唤起很多情绪、让我展开内省的时刻。与此同时,我感到离神很近。"阿米尔分享道。他总结自己的体验:"那里的特色和美丽有一种不现实的感觉,尤其是去阿拉法特山的时候,那是全程最重要的时刻——我好像得到了洗礼。"现在,他觉得内心很平静:"是的,我比以前快乐和平静了许多,我祈祷所有想要朝圣的穆斯林无论如何都应该完成这一旅行。"虽然他现在已经是一名朝觐者,但对他来说,别人如何称呼他并不重要,重

> 影片《幻影车神：魔盗激情》的宣传活动后，阿米尔与礼堂内的观众交流

要的是自己内心的感受。"我变得比以往更虔诚……我当然想崇高或者体面地度过一生，不去犯我过去所犯的错误。我会尽力像过去一样诚实地生活，不向任何事情妥协，也不伤害任何人。"他补充道。

阿米尔现在与基兰一起住在班德拉，就在他小时候居住的那栋楼里，住宅内，光洁宽敞的乳白色装修体现了这对夫妇的品位，近2000册藏书点缀在房子的各个角落，包括厨房，展现了他对阅读的热爱。与他对影片的选择一样，他的藏书也是不拘一格——

AAMIR KHAN

从乌尔都语诗歌到莎士比亚，再到自传和小说。阿米尔证实道："我到家后下意识干的第一件事情是拿起一本书，而不是遥控器。我从6岁就开始读书。"除了书，他的兴趣还包括象棋和板球。"我超级喜欢板球和象棋，拍每一部影片时，剧组工作人员之间都要打板球比赛。"他还对电脑游戏和音乐很感兴趣。从鲍勃·迪伦到苏菲派卡瓦利音乐的CD他都爱听。

阿米尔的个人生活不只围绕最亲近的直系亲属运转，他与堂兄和堂姐的关系也十分亲密。从小时候开始，他们就相亲相爱，不可分离，阿米尔与堂兄、堂姐的友谊十分深厚。堂姐努扎特是一名专业的临床心理学家，从他10岁、她15岁的时候开始，她就一直是他的参谋。"我想倾诉的时候，总是去找她。"他在接受《今日印度》采访时温暖地说道。"她是个伟大的思考者。"他补充。她也是阿米尔初恋时第一个得知的人。努扎特十分欣赏阿米尔的专业态度，这个弟弟在个人生活和职业生涯当中，对所有人都非常尊敬，这一点让她颇感欣慰。她相信阿米尔对于诚信有着严格的要求，不可能说谎。"当然，他也不是超人，会犯错，也会伤害自己，但他乐于学习和感知新事物，我认为这是一种勇气。"她说。堂兄曼苏尔虽然不常出现，但他是家庭关系中的重要一环。除了家人和亲戚之外，另外两个与他特别亲近的人，分别是《真相访谈》（以及一部关于《印度往事》拍摄过程的纪录片）的导演萨蒂亚吉特·巴特卡尔，和《印度往事》里扮演哑巴巴甲的阿明·哈吉。

阿米尔从本质上来说还是个中产阶级男性，他需要家人在身旁。他骄傲地承认自己会读宝莱坞业界报纸，在他小时候，父亲就让他写下他的影片在阿姆劳蒂和奥兰加巴德这类地方的票房收入，那时候学到的知识现在派上了用场。虽然阿米尔不会对任何人都吐露心声，但他十分珍惜自己与他人之间的关系，不论是家人、朋友，抑或是他用了10年的化妆师乔吉，以及仆人苏尼尔，他对所有人都满怀敬意，同时也收获了他们的尊敬。阿米尔随身不带手机，驾驶一辆陆地巡洋舰出门，身边总是跟着警察、私人保镖以及其他工作人员。基兰有时与他同行，但大多数时候更喜欢驾驶自己的钢铁银宝马5系车。

说到阿米尔，人们常常用到"完美主义"一词，但他并非有意给人留下这样的印象。这位演员一直是以内心的热情为动力，说到他在电影圈中的人生，他认为可以用穆克什演唱的他最爱的一首歌来概括：

溪流之水汇入河
河流之水汇入海
大海之水汇入何方
无人知晓……

在个人层面上，他认为自己是个简单的人。不论他对自己做何评价，对我们来说，他远远不止于一个简单的人。今天，阿米尔不需要挥舞什么权杖、不需要什么虚假的说辞就能够彰显自己的品牌价值。在当下，他的地位已经远在同辈之上，不时会影响整个时局。

关于阿米尔·汗的常识

作者：马扬克·谢卡尔
著名影评人和作家

"我不是活动家，我是个艺人，我知道这才是我的主要职责。但我确实对某些事件的感受力比较强，与其他人一样，我希望通过在必要的时候发声，来对我们的社会造成积极的影响。"

AAMIR KHAN

> 在影片《为爱毁灭》中，为爱人演唱《月亮替我说》

参加完基兰·内加卡尔的新书《神的小兵》的发布会，从新德里开车回家的路上，阿米尔·汗在穿越简塔·曼塔天文台的路上遭遇交通堵塞。这座面对康诺特广场的天文台是一处露天景点，经常被用作大型公众抗议活动的场所。那一天，路的一侧是拯救纳尔默达组织的活动家，他们在请求政府帮助那些即将因为萨达尔·萨罗瓦尔大坝升高而失去家园的村民重建生活；同一条路的另一侧则是为多年前博帕尔毒气泄漏案受害者请求救济的人们。

车里的阿米尔要人给他说明了当天事件的情况，他认为双方的请愿活动同样紧急，因此，他几乎是凭着一时冲动走下车，与简塔·曼塔的两派民众坐在一起。那一天事件后来受到媒体的选择性报道，只有他对拯救纳尔默达组织的支持得到广泛宣扬。古吉拉特邦的青年大会烧了他的海报，当时稳握大权的印度人民党也采取了同样的行为。人民党在古吉拉特邦已经当权多年，该邦首席部长纳伦德拉·莫迪下令在他的辖区禁演阿米尔的新片《为爱毁灭》。这是一次奇怪的人身攻击，竟然基本上没有遭到质疑。为某一事业仗义执言是民主国家公民天生的权利，名人是容易受到攻击的目标，他们的赌注更大。阿米尔的影片立即遭受经济上的损失。但他从未道歉。

这是2006年的事情。不难看出古吉拉特邦政府为什么会因为一名演员对某一诉求的支持而对他穷追不舍，说到底，这一诉求仅仅是回应了国家最高法院的判决而已。这一事件有很强的政治性，邦政府有理由惧怕宝莱坞明星，因为他们比大多数饱经风霜的政治家在选前集会中更能吸引注意力和民众的支持，他们显然比政治家更受爱戴，人们更愿意倾听他们说的话。阿米尔除了这种与生俱来的魅力，还很罕见地具有可信度。他对自己的这一形象心知肚明，相关政党应该也十分清楚，他们不得不快速行动，夸大事件，即刻转移视线。他们成功了。从短期看，权力政治总是获胜。

> 阿米尔与好友普拉松·乔希在《真相访谈》节目新闻发布会上与媒体互动

AAMIR KHAN

2003年,可口可乐公司遭到一家非政府组织的抨击,称在它们的饮料中发现杀虫剂成分。该公司选择阿米尔在一段详尽的广告片中澄清他们的立场。这位演员在电视上向人们证明自己所代言饮料的安全水平。他暗示,他本可以就此问题终止广告合同,一夜之间变身国民英雄,为了大众健康而与跨国巨头对战,但他没有这么做。他在公司不知情的情况下,先让自己的律师独自通过一家中立的实验室对可口可乐公司所有的说法进行验证。一经认可,他便说出真相。他的说辞简单明了,甚至没有引起公众注意:"并不是添加了杀虫剂来生产可乐,而是它本来就存在于农业用水中。鉴于同样的水为了制作可乐已经过五道处理工序,如果说有什么区别的话,那就是可乐里的杀虫剂含量远远低于我们的饮用水,鉴于此,也远远低于我们所吃食物中的含量。"

大约十年后,这位演员解除了他的所有产品代言合同,这可能导致他的年收入减少10亿多卢比。他当时在制作和主持一档电视节目,每周日,该节目都会探讨一个新的社会问题。如果一边在广告里推销商品,一边在广告间歇谈论社会问题,从道德上来说不太正确。他明白这一点。节目反而为其中出现的一部分慈善机构从公众那里募集了近10亿卢比的资金。

在他初次涉足社会问题六年后,阿米尔已经拥有自己的平台,来发表他作为公民和公众人物的看法。他所说的话,起码全国人民都会听到,至于他们会不会遵照他的说法行事,则很难求证。当权的政府——无论是中央还是地方——自然都加以重视,在很多事件当中还加以干涉。很显然,这一次,政治没有赢,动机没有受到质疑,事实得到权衡。每周日,受到全民关注的话题都会在 Twitter 和 Facebook 上风行,全国各地的电话打来,人们表达自己对各种社会问题的见解。

我意识到,我身边的记者们对《真相访谈》节目最为反感,因为这让他们看到自己的无能,他们当中的大多数人,当初很可能也是怀着与这个周播节目所代表的同样的热情才开始从事自己的职业。出于公司利益考虑,本着睁一只眼闭一只眼的态度,让主流新闻媒体中的大多数都成为冗余的工具,无法触及真正的、深层次的、长期的公众问题。记者们都被训练成"拍完就走""今日新鲜事"的报道风格。《真相访谈》充其量只是公众事务报道,而且出自一名宝莱坞影星,大众的接受度一定也保证了足够的收益,阿米尔再一次被标榜为营销大师。

> 阿米尔前往新德里罗摩力拉广场拜访安纳·哈扎尔（中），以表示对"公民监察法案"运动的支持。左为政治家马尼什·西索迪亚

　　与大众的认知相反，在我与这位演员多年来多次短暂的相处当中，我并没有发现他是个天才。相反，我注意到，他的头脑中有一种大多数天才不具备的品质，那就是，思维的透明度。这一点很惊人。我认识的人当中，极少有人能够把他们对某一事件的见解浓缩为一则基础的、坚如磐石的论断，这一论断对他们适用，同时像一面固定的棱镜，他们会一直透过这面棱镜去看世界。当然，要想获得这一世界观是需要花些时日的，但他绝不是个糊涂的思考者，一旦表明立场，他就会坚决捍卫。

AAMIR KHAN

> （从左至右）穆克什·安巴尼、阿米尔·汗、妮塔·安巴尼（穆克什·安巴尼之妻）及板球运动员萨钦·坦都卡在 2012 年 CNN-IBN 真英雄大奖典礼上

他的节目开播后几个月，我就安纳·哈扎尔无疾而终的反腐败运动采访了他。他曾积极为哈扎尔的团队出力，出席了这位社会活动家在德里的绝食活动。阿米尔的回答一针见血："有一条法律称，如果你挪用公款被定罪，要坐牢六个月，但并没有说必须归还所贪污的钱款，你不希望有一条法律规定必须将所窃取的钱财归还国库吗？是不是这样？"是的。我想。

关于拯救纳尔默达运动，他说："常识仍然无法向我解释，他们（政治家）本来就应该是为人民服务的，为什么还对帮助人们重建生活有意见，也无法解释他们为什么反而会因为我为之呼吁而攻击我，我只是在重复最高法院说过的话而已。"

你会发现，与这位电影人聊天时，"常识"一词会经常被提到。这个词语本身从某种程度上来说就是一种误用。在一个常识如此不常见的世界里，阿米尔有理由被视为一名开创者。他把同样的基本原则用在自己的电影里，这帮助他一再打破传统的市场法则。

如果我没记错的话，2002年一年当中就上映了三部关于充满革命精神的自由斗士巴格特·辛格的影片，它们接连遭遇票房惨败。阿米尔2006年的影片《芭萨提的颜色》着眼的是同一时期的同一群自由斗士。这部影片至今仍是印度电影史上的一座里程碑。很显然，探讨严肃命题、故事背景位于乡村或者关于运动的电影在宝莱坞不吃香。而《印度往事》既是一部关于运动的电影，又以乡村为背景；《地球上的星星》探讨的是阅读障碍症和儿童教育系统的严肃论题；《自杀现场直播》是一部农村电影，同时讲述的是严肃的农民自杀问题。它们如今都被视为具有各自风格的宝莱坞娱乐片。实际上，因严肃命题的市场逻辑而受牵连最深的是整个媒体行业。《真相访谈》证明，以充分调研为基础的优秀新闻报道，能够在激发观众兴趣、满足观众需求的同时，实现商业上的成功。

那么，阿米尔是知晓什么别人不知道的东西？是人们喜欢精彩呈现的引人入胜的故事？这与大家都知道的没有什么区别。让阿米尔与众不同的是，他能够把素材欠佳的故事讲得精彩，并且把其中最有效的故事搬上银屏——银屏的大小尺寸并不重要。这是一种特殊的才能。一味遵循经验主义的商业逻辑，或者一味模仿已获得成功的影片类型，都无法获得这种才能。他是个如饥似渴的阅读者，这一点可能对他很有帮助。更重要的是，他正直的动机，即便是在《德里囧事》这样的怪诞喜剧中也展露无遗。人们尊重他的选择，他们愿意把赌注押在他身上，他促成了我们想要在影片中看到的那种改变。

AAMIR KHAN

> 阿米尔倚在沙发上休息

那么，他的明星身份又如何？他是最璀璨的那颗星吗？当然，这种看法很主观，就像关于明星身份的这个问题本身一样。21世纪初之前，流行的市场逻辑是："所见即畅销。"自由化的印度街头随处可见同一批男主角的广告牌，推销的物品五花八门，从影片到美白面霜。2001年，《印度往事》和《心归何处》上映后，大概是阿米尔事业的顶峰，他却彻底从影视圈和公众视野中消失。2005年，他重新回归。从这个意义上来说，他与我们一直以来知晓的那些超级巨星并不相同。

我仍然觉得，他内心的自恋情结比他的大多数同辈更深。他比其他人更认真地对待自己的公共形象，留下的遗产将在大众的记忆中存在更久。我能够想象，50年后，某世界级电影节上将举办一场大型的阿米尔·汗回顾影展，我不确定他的竞争者们能不能达到这种成就，而且我也不确定他会不会过多地去考虑这类事情，大多数发现了生命深层意义的人并不会在意这些。

我上一次采访他时，他正在想办法将一张印度有机农场主的名单传递给他在全印广播电台的周播连线节目中遇见的电视观众。在与商业伙伴和会计师会晤、电话讨论下期节目的剪辑问题、在两次较长的休息间隙坐下接受我的采访之后，阿米尔终于在自己巴利山的公寓中坐在沙发上，与一位拉贾斯坦邦来的医生聊天，这位医生提出了一些让公众能够更容易购买到非专利药物的方式。在此之后，他又出发前往他的下一部影片《幻影车神：魔盗激情》的试装现场。全在一天的工作之内。你可以看到他极大地拓展了身为影星的角色，成为一个专业的媒体人。这种现象可不多见。这么说来，是的，他就是一个不可多得之人……

《真相访谈》：
写给印度的情书

"这档节目深得我心。我相信我们需要这类节目来讨论和处理问题，而在我们的社会中，许多问题都遭到掩盖。"

AAMIR KHAN

一名影星有没有可能影响 12 亿人的行为？在印度这样一个痴迷电影的国度，答案极有可能是肯定的。多年来，流行影星对印度电影迷的思维模式造成了深刻影响，如果善加利用，这种影响力可以为社会带来积极的改变。当今大多数名人都被人以质疑的眼光看待，在这种情况下，演员们就更应将自己的知名度和权威性用在正义的事业上。有一位演员意识到这种需求，并采取行动，他就是阿米尔·汗。

印度电视的影响力是不容置疑的，它拥有能够直达群众的力量。实际上，在它能够影响到的有些地区，70 毫米的屏幕仍然是人们逃避现实的梦。阿米尔完全了解印度电视的这种力量，因此，当星空卫视的 CEO 乌代·尚卡尔问他想要为电视做点什么，这让他开始思考。有一点他十分确定，就是他想要比其他人更加有效地对这一强有力的媒介加以利用。他在一次采访中说：「我开始思考，然后脑中就出现一幅初步的图像。」他与自己信赖的朋友萨蒂亚吉特·巴特卡尔（曾执导《印度往事》的纪录片《继续前行》）开始探索节目主题。在阿米尔离开电影界的两年里，他深入印度的心脏。他带领一个人员紧凑的团队，前往印度各邦进行调查和发掘，并与当地人会面。因此，当《真相访谈》的主题被正式报给电视台，立即就得到批准。

电视将他推至新高度，并为他提供了一个机会，让他可以把自己作为团结者的角色更进一步地发挥。通过这档开创性的电视节目，阿米尔尝试通过叩问自己的良心来实现理想，他以改良社会为目的的崇高出发点让他成为印度首位超级巨星活动家。

宣传节目的巨幅广告牌上呼喊着"心之所向，真相大白"的口号，打出的是阿米尔的新形象——活动家阿米尔。这与 1989 年《冷暖人间》广告牌上打出的邻家男孩形象简直是天壤之别！节目的发布会上，阿米尔称："这档节目是

> 阿米尔与印度星空卫视 CEO 乌代·尚卡尔一同出席在孟买为阿米尔的第一档电视节目而举办的新闻发布会

我人生中的重要一步,是我内心非常珍视的东西,它是我迄今为止最具野心的项目。"在媒体发布会上,他对一名记者说道:"《真相访谈》是我写给印度的情书,就连在歌里,我也把我的祖国以人相称,这个节目是关于我对祖国的爱。"阿米尔是个极富同情心的人,虽然他与"儿童权利与你"组织的长期合作以及他在儿童教育方面的努力很少为人所知,但在《真相访谈》中,他的人道主义品质得到了很好的展现。另外,他还为《三傻大闹宝莱坞》部分镜头的拍摄地——拉达克地区的洪水灾民提供帮助,这一事例也高度印证了他对印度人民的同情心。

AAMIR KHAN

> 阿米尔在一座剧场内宣传自己的影片,坐在他旁边的是影评人兼市场分析师科玛尔·纳哈塔

他的节目聚焦在印度最不堪的一些问题上——性别选择性堕胎、儿童性侵、名誉杀人、嫁妆、家庭暴力、医疗事故、漠视残疾人、农药中毒、酗酒、贱民待遇、老年人困境、水危机、种姓制度的严重不公平等。虽然这些议题中的大多数被普遍视为女性问题,但阿米尔看法不同:"我们面对现实吧,问题在于男性。女性之所以受苦,是因为男性夺走了她们选择的权利——选择她们想要的生活、爱情和梦想方式的权利。"他认为这种男权至上的思维模式正在阻碍国家的发展,他悲伤地意识到,很多女性也认可这种男权思维,并对其表示公开支持!出于这一原因,这个循环得以延续。作为节目的创作者、制片人和主持人,阿米尔不遗

余力，同时将自己的明星影响力和可信度用于唤醒人们对这些问题的意识。我们都知道这些问题存在于社会中，但我们都不愿意承认。阿米尔呼吁人们提高注意力，并对这种残酷的现实发出反对的声音。阿米尔这一勇敢的举措有可能会危及他被上千万人爱戴的偶像地位，但他心怀更大的目标——改良印度社会。编剧兼导演拉杰库马尔·希拉尼曾说，阿米尔把赌注下在他的电影观众们身上，他认为他们同样也会追随他一起关注更严肃的话题。萨尔曼·汗评价节目说："我看了《真相访谈》。一个好人做了一件好事，不存在野心。并不是说以前没有人尝试过这件事，只是没有人注意到，但当阿米尔提起这些话题，人们就开始严肃对待。"

> 阿米尔的电视节目《真相访谈》的导演萨蒂亚吉特·巴特卡尔，他同时也是《印度往事》的执行制片

AAMIR KHAN

> 阿米尔与密友普拉松·乔希开怀大笑

  阿米尔相信,国家的年青一代会带来许多变革。对他来说,走上电视屏幕的意义远不止获得名望与声誉,他想要每个人都了解印度人民长期无助面对的各种社会问题。对人们来说,这是个新概念吗?不算是。过去有些节目也探讨过社会问题和人民需求,但《真相访谈》的与众不同之处在于它向观众呈现的方式。

  节目内容是在多个邦拍摄的,包括喀拉拉、拉贾斯坦、德里、克什米尔和旁遮普,这也是为数不多的探索国家西北部地区的电视节目之一。早在节目的概念被披露给观众之前,围绕它进行的宣传造势就已颇具风头,评论家、民众、媒体和电视专家已经在发表观点和期待。但是让这档真人秀节目脱颖而出的是,它是建立在为我们社会中一部分最令人烦扰、最为严重的问题提供解决方案的迫切愿望之上。

  阿米尔按照自己的规矩制作这档节目,虽然是由印度星空娱乐出资,但他特别要求节目要做到在全印电视台各个邦的地面台播出。节目是用印地语拍摄,多种印度方言配音,并辅以英文字幕,以扩大受众面。敢于冒险、遵循内心意愿行事的阿米尔把节目播出时间安排在周日上午11点,虽然没人有把握印度观众会不会在休息日的上午打开电视接受90分钟的威吓,去面对那些他们以前选择避而不谈的话题。他不是仅仅要吓唬人们和让人们感到震撼,而是希望他们能够花时间去探讨社会中那些被故意忽视的问题。

在数据和案例的支撑下，节目让人民大众觉醒，看到社会的丑恶面。他没有为了迎合观众的喜好而美化节目要传达的信息，《真相访谈》展现的是阿米尔想要让人们看到的东西。每一期节目都从各个可能的角度探讨一个议题。他充满智慧地在节目中小心回避容易被误以为是的替罪羊，他的目标不是单个的罪犯，而是参与制造社会丑恶现象的所有人。他在节目中鼓励大家共同负起责任，他坚信，在某种程度上，如果我们不与恶势力做斗争，那么就都对它们的存在负有责任。

> 阿米尔作为一档革命性访谈节目的主持人首次登上电视荧屏，照片中的他在该节目的新闻发布会上

AAMIR KHAN

　　这档共13集的节目在2012年5月6日这个慵懒的周日上午开播,将人们从睡梦中惊醒。据统计,《真相访谈》达到了4.27的高收视率,其中也包括全印电视台的评分。实际上,有896万人观看了第一集。热线电话无比繁忙,全国有10万人拨打电话,但只有大约12人最终打通,并成为这期具有历史意义的节目的参与者。节目受到电影界、政界要人、社会活动家和普通民众的高度评价。

　　但与其他依靠目标收视率的节目不同,《真相访谈》是以触及全国人民的心灵为前提的。它还让某些部门鸡犬不宁,各种令人心忧的境况如溃烂的伤口般暴露出来。更重要的是,节目成功改变了来自各种背景的印度人民的态度,许多观众坦白,13集节目中涉及的有些社会问题,以前都被他们忽视了。他们认为,节目重新唤起了他们对这些通常遭到回避的话题的兴趣。

> 阿米尔在位于班德拉的家中被影迷簇拥,人们为他送上45岁生日祝福

> 为庆祝电影《冷暖人间》上映 25 周年，在孟买电影城召开新闻发布会

有几期关于特定主题的节目播出后，引发了各种社会进程，节目的影响力由此可见一斑。比如，一期关于儿童性侵的节目促使下议院通过一项迟到已久的法案，来保护儿童不受侵犯；还有一段关于低种姓印度人民遭剥削的节目，促成了与总理曼莫汉·辛格的会面与讨论。当残酷的事实曝出，让有些邦的政府官员大惊失色。阿米尔的有力呼吁不仅影响到社会上层和政客，同时也对草根阶级造成影响。关于性别选择性堕胎的节目内容让拉贾斯坦邦布达尼亚村村长深受触动，他派遣警员前往那些想要进行胎儿性别检测与堕胎的人家里。最终，斋浦尔有六家超声扫描中心的执照被政府吊销，另外还对其他 24 家有参与嫌疑的超声扫描中心发出警告。制片人阿米尔说道："我的任务是做一档我认可的节目，我对我的团队所做的努力感到非常骄傲。"

AAMIR KHAN

> 阿米尔热爱阅读，他对各种题材的书都感兴趣

  2012年7月29日，第一季节目的最后一期播出，统计结果得出一些惊人数字。节目在电视上的总观看次数超过5亿，另外还有更多的人通过电台收听、在网上观看以及从报纸上阅读相关文章。其影响范围如此之大，以至于我们可能无法计算，阿米尔的此档节目所促成的切实改变，究竟为印度社会带来了多大的福祉。

  2013年5月1日，阿米尔造访了由无政府组织"爱之家"基金会建立的"真相访谈之家"收容所，并与那里的家庭暴力和嫁妆纠纷受害者共度一天，进行交流。2013年1月，他曾出席这座收容所的开幕仪式。

整个过程中，大众偶像的形象隐入背景，令人觉得他十分可敬可爱。他与他们的接触是一个普通人与另一个普通人的接触，是一个印度人与另一个印度人的接触。他在与人们聊天时，时而开怀大笑，时而与他们一起悲伤哭泣。他在与来自国家偏远地区的人们沟通时很容易被打动。他还交了许多忠实的朋友。他对他们的态度是："我可能无法解决你的所有问题，但我可以握住你的手、拥抱你，让你感觉好一些。"说到底，到最后还是这份心意最重要。

不论你对他的态度是欣赏还是批判，都无法否认，他具有强大的力量迫使你去面对印度社会中那些不堪的真相。当他在节目中把这些现象拿到台面上来，自然就获得社会各阶层的更多关注。在节目的帮助下，这名斗士的目标并不是仅限于阶级问题或者社会的某一部分，而是着眼整个国家。他本可以选择一条更简单的道路——拍一部电影，而不是去挑战高难度，让印度人将周日的上午贡献出来，坐在电视机前观看一场引人入胜、见地深刻，然而又令人备感折磨的访谈节目。但话说回来，他就是一个与众不同的公众人物！

他对节目极其有信心，因而还在《印度斯坦时报》担当起专栏作家的角色。比如，他写了一篇关于儿童性侵的文章："孩子把我们看得很清楚，如果我们想要他们开口，那么我们就应该保证让他们知道，他们说的话会得到相信，不仅仅是聆听，还有信任。"他一针见血地质疑家长们有没有真正倾听孩子的心声。"我们真的在听孩子说话吗？我们真的有能力听他们说话吗？"他责问道。阿米尔解释说，在面对这种情况时，开放式沟通与信任才是解决之道。

著名作家肖芭·德在她的专栏《政治不正确》中鼓励读者对阿米尔进行赞扬，他让电视观众观看他担当救国救民的"印度之父"角色，完成了几乎不可能完成的任务。她相信，借助《真相访谈》这样一档不具备任何浅薄娱乐价值的节目，阿米尔尝试改变浮躁易变的印度观众看待事情的方式。"阿米尔希望给自己打造一个全新的定位，一个令其他对手没有任何竞争力的位置。为达到他的目标，阿米尔没有选择游戏性质的节目——他希望成为改变游戏规则的人。"她阐述道。

AAMIR KHAN

> 45岁生日时,在位于班德拉的居所门口向聚集在此的媒体发言

印度星空卫视 CEO 乌代·尚卡尔在谈到节目时说,《真相访谈》讲述的是引人入胜的故事,抬高了电视节目的水准,为我们的观众营造了一场深刻的体验。

莎伊拉贾·巴杰帕伊在她的专栏《望远镜》中写了人们观看《真相访谈》的真正原因。虽然节目十分催泪,让我们感到心痛,但真实的人间故事总是对所有人都具感染力。她相信,我们观看节目是因为它与每个人息息相关。"它关系到你们、他们,以及过道对面的人。"她为我们总结道。

好莱坞明星汤姆·汉克斯在阅读了《时代周刊》之后,表达了自己对阿米尔的钦佩。他说:"我真心敬佩阿米尔·汗正在做的事情。"他说,只有极少数名人会主动站出来改变国家。他认为阿米尔的节目非常出色,同时请求大家支持阿米尔的高尚行为。汉克斯深知回馈社会并非易事,因此他对阿米尔大加赞扬,因为他真正了解自己作为名

> 在罗摩力拉广场对安纳·哈扎尔的正义之举表示支持

> 阿米尔在宣布自己即将进军电视界的雄心壮志之后,与乌代·尚卡尔合影

人的影响力。阿米尔认为应当回馈那些向自己倾注喜爱之情的人,他是少数有此觉悟的艺人之一。他通过节目把自己的影响力用最佳方式加以发挥,充当促进变革的催化剂,从而赢得汉克斯的支持与欣赏。

节目不仅影响了印度人民,也对阿米尔产生了积极影响。对他来说,这个任务就像是以最近的距离观察生活。阿米尔如此表达自己的想法:"这是我为印度与其国民之间建立联系所做的努力,更重要的是,也是与我自己建立联系,我感到我现在更了解自己的国家了。对我来说,这是人生中最宝贵的体验。我从人民那里学到很多,能够与人民沟通真的很好。"

《真相访谈》不仅仅是一档电视节目，它还是一场运动，在13个星期的时间里席卷全国，并迫使人们去思考。它让每个印度人都挺身而出，为周遭环境中的丑恶现象负起责任，更重要的是，立志要让它成为一个更美好的生活空间。

　　如今，这档节目已经成为普通电视制片人衡量自己的准绳。作为一名非肥皂剧制片人，阿米尔为真人秀带来新奇的视角。把他与奥普拉·温弗里相提并论并不足以解释他的大胆之举所产生的影响力，他的功劳远不止这些。一方面，如《印度报》所赞扬的，这位演员如何通过聚焦人们共同的喜悦与忧愁而将印度人民凝聚起来，毫不夸张地说，当下是板球与阿米尔·汗将全国人民团结起来；另一方面，他不经意间搅动了一些人的惰性，促使他们行动起来。2012年10月，阿米尔与乌代·尚卡尔在一场活动中受到在册种姓全国委员会的表彰，以嘉奖他们通过自己的节目让民众认识到社会歧视现象的举动。德里首席部长谢拉·迪克希特女士要求乌代·尚卡尔继续制作该节目，以便唤醒更多人的良知，并鼓励人们挺身而出，团结起来对抗恶势力。这一最具影响力的电视节目还因其开拓性的倡议，而将声望显赫的CNN-IBN年度印度人大奖——2012年特殊成就奖收入囊中。

　　阿米尔说："这档节目深得我心，我相信我们需要这类节目来讨论问题、解决问题，而这些问题在我们的社会中通常是被隐藏起来的。"

　　他并非甘地主义者，也不是年轻的安纳·哈扎尔，那么他会不会因为发起针对21世纪印度社会中恶行与弊端的哗变，而被奉为现代的抗暴英雄莽卡·班迪呢——谁也说不准！

卓越颂歌

作者:维卡斯·昌德拉·辛哈
印度理工学院和印度管理学院的校友,
对阿米尔在专业上的奉献精神十分敬佩

AAMIR KHAN

普拉卡什·帕都恭是印度首位个人运动世界冠军。1980 年，他赢得了羽毛球运动界的大满贯——丹麦与瑞典羽毛球公开赛、全英羽毛球公开赛以及世界杯。在近十年的时间里，他一直保持世界前十的战绩。在他之前，印度在团体运动项目中获得过一些成就——在奥运会上如有神助般地赢得曲棍球比赛，以及时不时获得板球比赛的胜利，但个人运动项目在国际舞台上鲜有获得成功——1952 年 K.D. 贾德哈夫（印度摔跤运动员）获得一枚奥运铜牌，1960 年奥运会上米哈·辛格（印度短跑运动员）取得差强人意的成绩，威尔逊·琼斯于 1958 年及 1964 年赢得世界业余台球锦标赛。

普拉卡什·帕都恭在印度体坛拥有至高无上的地位，但他可能是印度有史以来最谦和也最脚踏实地的偶像。他在新德里电视台《边走边聊》节目中接受谢卡尔·古普塔采访的片段非常精彩，其中有一段对话透露出这个伟大人物的性格，值得在此引用。

谢卡尔：你知道人们常说某人具有"普拉卡什能力"，说谁可能是第一强，谁可能是第二强，但你从来不以为意。

普拉卡什：没法与我提到的那些人相比，比如，梁海量（印度尼西亚著名华裔羽毛球运动员）曾经八次赢得全英公开赛桂冠，莫滕·弗罗斯特（丹麦著名羽毛球运动员）八次闯入决赛，四次获得冠军，而我只两次进入决赛。

谢卡尔：但你面对着极大的困难……

普拉卡什：话是这么说，或许跟印度人相比，以及在现有的条件下，我想我做得还不错，但我不认为自己是世界最强，只是可能考虑到条件所限，我已经尽了自己最大的努力。

但这与阿米尔·汗或者电影有什么关系？与普拉卡什一样，阿米尔跻身自己行业的顶尖行列已经多年，是统治

> 午夜时分为电影《古拉姆》进行拍摄

印度电影界 20 余年的"三大汗"之一。与普拉卡什一样,他是个低调的成功者——在媒体报道中,争夺所谓印地语电影演员"头号人物"之位的战争是在沙鲁克·汗和萨尔曼·汗之间展开的。阿米尔不去参加每年排满日历的无数电影奖颁奖礼,他说这些都是虚名,对于那些名气较小的明星来说,如此行事简直是自取灭亡。他有一个出名的特点,即结束一天的拍摄后,更喜欢捧着一本书蜷在沙发里,而不是去参加那些影视名流理应莅临的聚会。这对于电影明星来说也是极为常规的行为,因为他们应该多在公众面前现身和发声,以巩固自己的明星形象。

AAMIR KHAN

> 阿米尔与索娜丽·本达里在电影《义无反顾》里性感的情歌《这颗心》片段

在角逐"头号人物"的竞赛中，他或许只是个旁观者，但在影迷心中他作为"完美主义先生"占据重要位置。所以，尽管他背着"难合作艺人"的名声，电影制作者们还是不断带着充满挑战的影片项目来找他合作。这一形象是他20多年来一直致力追求卓越的佐证。除了早期的几部影片，他所有的项目——不论商业上成功与否——都具有某种特质。戴维·莱特在发表于《海湾时报》的一篇文章中对这种特质进行了概括："阿米尔·汗的影片上映时，人们的期待情绪是宝莱坞其他任何影视界活动都无法比拟的。当另外两大'汗'宣布新片上映时，他们各自的影迷群体定会集体疯狂。然而，当完美主义先生的作品面世时，引发的兴奋情绪则更加微妙，不仅跨越不同类型影片的爱好者之间的界限，还把各个社会阶层的影迷联合起来，这就是阿米尔的作品所具备的标志性的卓越水准。"

一部影片一旦与阿米尔·汗联系起来，就几乎等于贴上了品质保障的标签。他只选择加入具有特定品质的影片项目，这让他比宝莱坞那些最伟大的演艺明星还要胜一筹——比如，阿肖克·库马尔、迪利普·库马尔、阿米达普·巴强等，他们都难免拍过烂片。鉴于印度具有疯狂追星的文化，像阿米尔这样的超级巨星完全可以凭借自己的影响力毫不费力地悠闲度日，这无疑是个很具诱惑力的选择，因此，能遇到像阿米尔这样的人就十分新鲜，他拒绝在影片中妥协自己的标准，总是把焦点放在影片质量上，而不是只关注演员的个人魅力。名人经常可以仰仗自己的明星地位而在其领域内凭借粗制滥造的作品蒙混过关，在我们的国家尤其如此，普拉卡什·帕都恭在接受谢卡尔·古普塔采访时委婉地提到这一点，在采访中，他把自己的成就说得很低。在他心目中，卓越有一个特定的绝对标准——不论有没有衡量明星本身的价值。阿米尔就不断提醒着我们这句格言的意义。

AAMIR KHAN

> 导演因德拉·库马尔在阿米尔的电影生涯中扮演了重要角色

1988年,阿米尔凭借《冷暖人间》闯入人们的视野,紧随其后却推出了一些平庸作品,比如,《爱爱爱》《为爱痴狂》《为了爱你》等。1990年上映的《讲心不讲金》成为他的一个转折点,从那以后,阿米尔倾向于一次只拍一部电影,并且小心选择要拍的项目。接下来的一系列影片树立了他高品质影片供应者的声望——《爱在旅途》(1991)、《情比金坚》(1992)、《情牵一线》(1993)、《假假真真》(1994)、《艳光四射》(1995)、《印度拉贾》(1996)、《爱》(1997)、《古拉姆》(1998)、《义无反顾》(1999)和《大地》(1999)。这些影片并非都是一炮而红,但多数都引发了观众的狂热。实际上,是他在20世纪90年代的那些失败之作让"完美主义先生"的绰号轻松落在他的肩上——比如《情侣风尘》(1992)、《这就是人生》(1992)、《传统》(1992)、《忠肝义胆》(1995)、《激情代价》(1995)和《恐怖是恐怖》(1995)之类的影片。

阿米尔·汗

> 影片《复仇的火焰》高潮部分的一幕

　　只有最伟大的电影制作者才能在艺术与商业之间正确地找到平衡。传奇电影人拉杰·卡普尔之子，20世纪七八十年代风靡一时的影星里希·卡普尔一针见血地告诉《时代周刊》杂志："得是像我父亲那样的天才，才能在人们想看的东西和你想给人们看的东西之间找到平衡。"阿米尔具有同样的天才——他是一个具有电影制作者的知觉力的演员。与著名演员迪利普·库马尔和阿米达普·巴强相比，阿米尔更像伟大的演员

卓越颂歌　　　　　　　　　　　　　　　　　　　　　　　　　　　　　　　　245

AAMIR KHAN

兼制作人 V. 尚塔拉姆、古鲁·杜特和拉杰·卡普尔。他喜欢从创意上去解读整部影片,而不是仅限于自己的角色。他在影片方方面面的环节施加自己的影响力——这也导致他与一些导演起摩擦。他与老朋友阿莫尔·古普特之间的摩擦可能是最令他心痛的,古普特构思了《地球上的星星》的故事,这次摩擦导致作为制片人的阿米尔接过导演的缰绳,最终,他的直觉被证实是正确的。

> 基兰·饶导演的处女作《孟买日记》剧照

《华尔街日报》把拍电影与创业进行对比："电影制片人的角色与风险投资人相似，好的制片人就像聪明的风险投资人，知道这不仅仅是开张支票那么简单，也不仅仅是找大明星、制作高品质配乐就可以。同样地，只是简单地提供创业基金，或者扔钱给创业者，并不能保证成功，而且创业者并不一定要有行业内丰富的工作经验和领域专业知识。演员和导演就像创业者一样，负责把剧本和商业计划付诸实践。"成功的创业包含三个关键要素——树立一个愿景并选择正确的策略，根据创业者的愿景和策略创立一个团队，以及最后确保有效执行。阿米尔的方法类似：他谨慎选择剧本，与志趣相投的人合作，而且他合作的团队在策划与拍摄影片的过程中都十分具有创新意识。

纳夫尼特·蒙德拉写道："阿米尔之所以能够成功，背后最突出的推动力是他对剧本不可思议的、弹无虚发的判断力。"阿米尔在选择剧本方面极其挑剔，他甚至不放过自己的妻子基兰·饶，他担任了她第一部影片《孟买日记》的制片人。她曾说："我不得不与他抗争，来保卫我的剧本。"阿米尔以拒绝很多剧本而知名，但他首先会把每一部剧本都认真看完。有一位曾遭到阿米尔拒绝的编剧告诉《开放》杂志的马努·约瑟夫："我那时候只是个无名小卒，但阿米尔花了很多时间与我讨论故事内容。他有很多问题，很多疑惑。'这样行得通吗？观众会觉得这是可信的吗？……我了解观众，他们不会接受的。'他根本不认识我，但我们一起上厕所，肩并肩站着小便，一边讨论剧本。最后他说'不行'。"但在这种疯狂行为的背后有他的逻辑。阿米尔告诉马努·约瑟夫："在选择剧本的时候，我不去考虑观众，我考虑的是我自己，我必须喜欢这个剧本才行。然后我再考虑观众，我想我们怎么去讲这个故事才不会让人感到无聊。我对影片只关注一点，它所传递的信息对我来说并不重要，重要的是，我不让你感到无聊。我知道你要的是娱乐，电影的唯一职责就是为人制造娱乐。"他把娱乐定义为："任何触动人的头脑、心灵、良知和关注的事物。"他曾经公开说过："并不是我的所有影片都具有社会意义……我拍摄触及我的心、打动我的影片。"这就是阿米尔的秘诀——在艺术和商业之间找到平衡，而这一点鲜少有人能做到。

AAMIR KHAN

  对于合作的团队,阿米尔同样挑剔。众所周知,他是个喜欢提出很多问题的人,对自己项目的投入度很高,正如他对《第一邮报》所说,"不仅仅是个演员"。他不是拉杰·卡普尔那种"作者型"导演,自己的话就是片场的金科玉律;也不是阿米达普·巴强那种极具天赋的演员,即便在周围人都完全不明所以的情况下也能呈现出感染力极强的表演。他需要不间断地与团队进行沟通,来诠释自己的角色:"我跟着角色走。

> 2000 年,在《谁能成为百万富翁》特别节目中与阿米达普·巴强在一起

我并没有一个已经刻印在脑海中的固定角色，这不是我的工作风格……我喜欢那种水到渠成的工作方式，就是故事已经到位，我们都作为角色加入其中，为故事出力、把它鲜活地呈现出来。"不可避免地，他会在片场介入其他人的工作领域。关于他干涉他人工作的故事有很多，其中最著名的与马赫什·巴特和拉姆·戈帕尔·维马相关，这两位都是非常具有个人风格以及对影片有把控力的导演。

阿米尔精通创新的艺术。"阿米尔是个大品牌，能够让小规模创新变成主流级现象。"马赫什·穆尔蒂在《华尔街日报》博客中称，他接着写道，"诀窍在于，他并不去做过于创新的事情，而是选取走在潮流前面一点点的题材，而且把它执行得非常好，每一次都把市场的宽容度往前推进一点点。《三傻大闹宝莱坞》取材于以前出版的一本资质平平的书——当然不是第一本关于大学生活的著作；《未知死亡》是以十年前的电影《记忆碎片》为基础改编的，出色地展现了一桩神秘谋杀案；《地球上的星星》远不是第一个关于特殊儿童的故事。实际上，如果从电影制作的创新角度来看，我的朋友阿努拉格·卡施亚普和萨杉卡·高什可能才是披荆斩棘开辟道路的人，阿米尔随后开着他的陆地巡洋舰长驱直入。我认为这没有问题，每个人在这个生态系统中都有自己的角色要扮演。"但他在市场宣传方面的行为则极为大胆和有效。《三傻大闹宝莱坞》中，主角在影片中段消失了，阿米尔在影片的宣传过程中也玩了一把失踪，让媒体展开一场徒劳无功的"阿米尔追踪战"。他把自己伪装起来出门，为他撞到的人们留下上面印着"AK"字样的小金币，这些金币就是电影首映礼的门票。而在发布《觅迹寻踪》的配乐时，他再现了丽都酒店的场景，因为这家酒店在电影中具有重要的分量。他把所有的年轻艺人都召集来，以便大家能切身体验到电影里的氛围。

AAMIR KHAN

在商业上，创业者的性格在很大程度上决定着事业的成败——在电影行业也一样。阿米尔最大的天赋是他的好奇心以及观察力。就像他告诉马努·约瑟夫的那样："我对人以及人的习性有很大的好奇心……我对人有很大的兴趣。"他对自己与观众之间的心有灵犀感到自豪，他把这称为"对我的自己人的直觉"。另外一个具有决定意义的特点是简单直接。马努·约瑟夫继续写道："阿米尔在选择影片方面十分谨慎，这给人造成一种印象，就是他是个善于用脑的演员。但他在知识层面也有一种惊人的控制力，这可能是拜他所处的环境所赐。他的影片都简单易懂，这不是因为他在艺术上做了妥协，而是因为他本身就是个简单的人。"如同所有天才艺术家一样，阿米尔有一种自恋情结，但这种自恋并非出于他的明星身份，而是因为他想要留下优秀的作品。有一种不安全感驱动着他前进。年少时，他曾想成为网球明星，但由于无法跟上训练，只好放弃。他从中学到教训，《第一邮报》引用他的话："但作为演员，我想我不能再犯同样的错误，不去每天练习。我不允许自己不达标。"对工作抱有热情的同时，他还秉持坚定的信念，这在他接受《福布斯》杂志的苏布罗托·巴格奇采访时所做评论中有所体现："做让你高兴的事，不要去管成功与否，大胆些，用自己的方式去生活。"

阿米尔在电影创作方面着眼全局的工作方法——简单勤奋的表演风格、对工作的热情以及爆棚的自信心，意味着在他的每一部影片中，处于中心地位的是电影本身，而不是作为明星的他。他是个超级巨星，但从不让自己的风头盖过影片。这种特质在他策划、制作和主持电视节目《真相访谈》的过程中表现得最为清晰。《真相访谈》是访谈节目与严肃新闻报道之间的杂交，聚焦于印度最丑恶的一部分社会问题。阿米尔令节目的可信度大增，但真正的明星是那些把我们社会中最讳莫如深的秘密暴露出来的嘉宾。把它与阿米达普·巴强转型主持的竞赛类电视节目《谁能成为百万富翁》相比，这个节目本身并没有什么特别之处，是阿米达普威严的存在感吸引了全印度观众的视线。相比之下，阿米尔在《真相访谈》中只是低调出现，他请上节目的那些人背后的故事才是真正的焦点。

"艺人的职责是什么？"阿米尔在《时代周刊》博比·高希的文章中反问道，他自问自答，"是让社会和谐美好，是去影响人们的思维方式，让世界更加紧密团结。"这种对和谐美好的追求就是阿米尔献给卓越的赞歌。

这把我们带回文章开头，回到普拉卡什·帕都恭——如果世间存在和谐美好之化身，那就一定非他莫属。普拉卡什在 LiveMint 网站的一篇文章中与大家分享了成功的秘诀："我作为运动员获得的成功……每一场比赛和每一次挥拍背后都是大量的思考与练习。也正是在这种情况下，你意识到自己无法单独做到这一切，有许多人在幕后不知疲倦地为我出力……最后，要想用热情战胜金钱并不容易，但是有这种可能——你必须问自己，是不是真的愿意每天从事这件事，你在这一领域能不能做到世界最强，能不能用你立志要做的事业对世界造成更大的影响？相信我，你会发现生命变得有意义得多——追逐卓越的旅程不是一条好走的路，但隧道尽头必定有着夺目的光芒。"阿米尔在《三傻大闹宝莱坞》中表达了同样的感想，片中他扮演的角色重复说道："追求卓越，成功随后就到。"

感谢你，阿米尔，感谢你对卓越的不懈追求。

回声

作者：拉伊纳

AAMIR KHAN

自由河之水
千股细流奏响轻柔乐章
汹涌奔流，英勇无限……

当它化身浪涛
随潮起潮落而奔涌
思想之猛击令你我神智尽失……
光明又耀眼
永恒在你的身体里尽数化解……
紧握真理之桨
如倾泻瀑布之回声
你的明亮激流刺穿
通往无尽征途……

你如冠顶高枝
熠熠发光，能量无穷
寰宇豪情皆栖存你胸……

后 记

2013年，本书的英文版面世之后，阿米尔出演了两部以女性权利为主题的影片，两部影片各自成为不同风格的影坛经典——《摔跤吧！爸爸》和《神秘巨星》。他还为卓娅·阿赫塔尔导演的现代家庭喜剧《心跳零距离》中的家犬担任诙谐的旁白配音。另外，阿米尔还与马哈拉施特拉邦政府就水资源保护展开合作，这与他顺应时代需求且充满爱心的演员形象相吻合。他的家乡所在的这个邦长期以来受旱情困扰，而他的这一举措如今已经颇见成效。

虽然影片《神秘巨星》只获得不温不火的成功，但它反映了千禧一代的时代精神——顶着来自社会和家庭的压力，为了个人理想努力奋斗。片中心怀音乐梦想的女孩来自保守的穆斯林家庭，这为影片丰富的背景添加了更深一层的意义。家人不允许年轻的女孩追逐音乐梦想，但她通过匿名把自己的歌发到网上的方式秘密地保有这份热爱。女孩的母亲虽然被保守的家庭观念束缚，但仍然通过自己的方式来反抗，帮助女孩获得成功。后来，这个女孩成为网络时代的终极幻想——互联网上的超级巨星，却没有人在现实中认识她。影片捕捉到年轻人的焦虑情绪，同时再一次宣告了阿米尔之所以成为如此巨星的原因——因为他对最新的社会风潮具有敏锐的感知力。他甚至一举将年轻的赛伊拉·沃西推至明星地位。后来，赛伊拉放弃了对演艺事业的追求，退入精神世界，虔心信教，有些人认为这是她对自己"神秘巨星"一角的悖离，但其他人则认为她是在追求自己的理想——只是这个理想并非演艺事业，而是宗教。

《摔跤吧！爸爸》是阿米尔职业生涯中最热门的力作之一。这是一部感人至深的影片，讲述了一位父亲与他的两个女儿的故事。影片在世界各地大获成功，不仅在商业上大热，同时也广受评论家赞誉，成功地打动亿万普通人的心。受传统桎梏至深的哈里亚纳邦以杀害女婴而知名，而马哈维亚·珀尕在这样的背景下历尽艰辛把女儿培养成世界级的摔跤选手，他的故事让全印度人民感到骄傲。影片中珀尕家两姐妹吉塔和芭比塔的名字已经家喻户晓，她们的故事激励了无数女性。那之后，哈里亚纳邦也摆脱了保守之邦的名声，转而成为一条向外输送运动健将的传送带——其中就有许多追随珀尕姐妹脚步的女摔跤手。

让大家感到吃惊的是《摔跤吧！爸爸》在印度之外获得的巨大成功，尤其是在中国。从未有哪部印度影片在国门之外获得如此佳绩，已经在中国成为一则都市传奇。分析家纷纷挠头，无法解释该片为何在中国如此风靡。虽然印度和中国拥有数千年的历史交集，但两国的文化却因循着不同的轨迹发展，印度与中国的电影产业有着不同的审美——前者总是与歌舞相联系，后者则充斥着精湛的武术片段。但《摔跤吧！爸爸》跨越了这一鸿沟。作为一名一心望子成龙的家长，马哈维亚·珀尕甚至粉碎了姐妹俩的少女之梦，这对中国观众来说并不陌生——毕竟，"虎妈"现象最初就是在中国社会形成的。孩子要遵守孝道、为父母争光的说法，也让中国观众深有感触。中国当下的这代人是靠过去20年的艰苦奋斗才获得今日的繁荣，他们对成功背后的驱动力十分认同。《摔跤吧！爸爸》将这些元素完美融合。希望该片在中国获得的成功并非印度电影的昙花一现，希望以后的影片能够继续在此基础上添砖加瓦。

《摔跤吧！爸爸》制作期间，萨尔曼·汗同时在拍摄另一部以摔跤为主题的影片，萨尔曼是阿米尔多年的朋友兼竞争对手，也是印度电影界三大"汗"之一。但阿米尔对谁在做什么从不担心，他集中精神，心无旁骛，并不在意自己是先手还是下风。曾经有记者问他为什么一年只拍一部影片，他说自己不介意甚至两三年才出一部片子，重要的是要把它做好。他就像影坛巨擘迪利普·库马尔一样，库马尔一辈子只拍了60部影片，但仍被尊为演艺之王。阿米尔与迪利普·库马尔一样，也不喜欢把自己过多地暴露在公众面前。他选影片时非常挑剔，一旦应下邀约，就会全身心投入。阿米尔是一个非常感性的人，这一点可以在《摔跤吧！爸爸》里看出——把自己的感情和决心全部投到将自己的女儿培养为世界冠军这件事上来。或许另外的两位"汗"承担不起这样的风险。阿米尔真心相信，让他感到享受的，并不是影片的成功或失败，而是制作影片的过程。

遗憾的是，阿米尔的上一部影片《印度暴徒》虽然由最大的影视公司之一雅什－拉吉出品，并且有阿米达普·巴强加盟出演，却遭遇票房惨败。大家对影片的期望值很高，因为这是阿米达普与阿米尔在大银幕上首次合作。在这部影片中，阿米尔回归了传统的宝莱坞大杂烩电影类型。或许他应该继续自己以励志故事为主题的影片类型，是这些影片成就了他的"完美先生"之名。在一个极其注重最新作品成功与否的行业里，《印度暴徒》的失败可能挫伤了他作为最卖座明星的可信度，不过，阿米尔并不担心——他有自信会做好下一部作品。

很高兴我的这本书即将在中国出版，希望它能够被中国众多的阿米尔·汗的影迷读到。中国在我心中占有非同寻常的位置，我曾经作为香港《亚洲周刊》的特约记者工作了12年，《南华早报》开辟印度版时，我曾经有一段时间是固定撰稿人，我记得在该版面刊登过一篇关于阿米尔的文章，是一篇配图的短文。

电影作品年表

年份	片名	角色	合作演员
2018	《神秘巨星》	夏克提·库马尔	泽伊拉·沃西姆
2016	《摔跤吧,爸爸》	爸爸	法缇玛·萨那·纱卡
2014	《我的个神啊》	P.K.	安努舒卡·莎玛
2013	《幻影车神:魔盗激情》	萨伊尔	卡特莉娜·卡芙、阿布舍克·巴强、尤代·乔普拉、塔布莱特·贝赛尔、杰奇·史洛夫
2012	《觅迹寻踪》	苏贾·辛格·谢卡瓦特警官	卡琳娜·卡普尔、拉妮·玛克赫吉、纳瓦祖丁·席迪圭、拉杰·库马尔·亚达夫
2011	《孟买日记》	艾伦	克莉特·玛尔霍特拉、莫妮卡·朵格拉、普拉提克·巴巴尔
2009	《三傻大闹宝莱坞》	兰奇霍达斯·沙玛达斯·昌恰德(兰彻)/平措旺堆	卡琳娜·卡普尔、博曼·伊拉尼、R.马达范、沙尔曼·乔希、奥米·瓦依达、莫娜·辛格

导演	制片人	原创故事	编剧/对白	配乐
阿瓦提·钱德安	Akash Chawla 阿米尔·汗等		阿瓦提·钱德安	Amit Trivedi
涅提·蒂瓦里	Siddharth Roy Kapur 阿米尔·汗等		比于什·古普塔、施热亚·简、尼特什·提瓦瑞	佩塔查·卡波缔
拉库马·希拉尼	Vidhu Vinod Chopra 拉库马·希拉尼		拉库马·希拉尼、阿西奇·乔希	Ajay Atul Shantanu Moitra
维贾伊·克利须那·阿查里雅	雅什—拉吉影片公司	维贾伊·克利须那·阿查里雅	普拉卡什·巴拉德瓦杰	普里塔姆
里马·卡蒂	里提什·西瓦尼、法尔汉·阿赫塔尔、阿米尔·汗	里马·卡蒂、卓娅·阿赫塔尔	法尔汉·阿赫塔尔、阿努拉格·卡施亚普（补充对白）	拉姆·桑帕斯
基兰·饶	阿米尔·汗、基兰·饶	基兰·饶	基兰·饶	古斯塔沃·桑塔欧拉拉
拉杰库马尔·希拉尼	维德胡·维诺德·乔普拉	拉杰库马尔·希拉尼、阿希贾特·乔希	维德胡·维诺德·乔普拉（联合编剧）、拉杰库马尔·希拉尼、阿希贾特·乔希	尚塔努·莫伊特拉

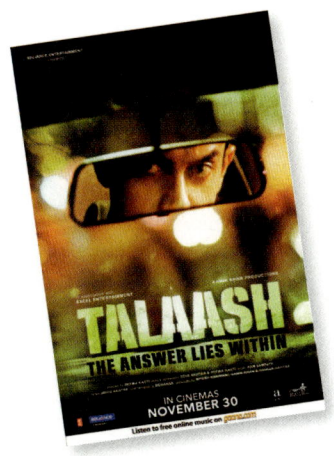

AAMIR KHAN

年份	片名	角色	合作演员
2008	《未知死亡》	桑杰·辛哈尼亚 / 萨钦	阿辛、普拉迪普·辛格·拉瓦特、缇努·阿南德、吉雅·罕
2007	《地球上的星星》	拉姆·尚卡尔·尼库姆	达席尔·萨法瑞、塔奈·切赫达、蒂丝卡·乔普拉、维品·沙尔马
2006	《为爱毁灭》	雷汉·卡迪	卡卓尔、塔布、里希·卡普尔、凯伦·凯尔
2006	《芭萨提的颜色》	"DJ"达尔吉特 / 钱德拉谢卡尔·阿扎德	悉塔尔特、沙尔曼·乔希、库纳尔·卡普尔、阿图尔·库尔卡尼、R. 马达范、苏哈·阿里汗、彭雅思
2005	《抗暴英雄》	莽卡·班迪	拉妮·玛克赫吉、托比·斯蒂芬斯、科拉尔·比德、阿米莎·帕泰拉、瓦尔莎·乌斯冈卡、凯伦·凯尔、穆克什·迪瓦里、阿明·哈吉、迪布耶杜·巴哈特特塔查尔亚、苏布拉特·杜塔、阿赫桑·巴克什、伊尔凡努扎曼
2001	《心归何处》	阿卡什·马尔霍特拉	赛义夫·阿里·汗、阿克夏耶·坎纳、普丽缇·泽塔、索纳莉·库尔卡尼、迪宝·卡帕蒂亚
2001	《印度往事》	布万	格蕾丝·辛、蕾切尔·雪莉、保罗·布莱克索恩、苏哈西妮·穆雷、库布山·卡班达、拉格胡韦尔·雅达夫、拉金德拉·古普塔、拉杰什·维维克、施里·瓦拉·维斯、拉詹德拉纳斯·祖特施、赫希尔德拉·米什拉、普拉迪普·拉瓦特、达亚·尚卡尔、潘迪、亚什泊尔·沙玛、阿明、哈吉、阿迪提亚·拉奇亚、A.K. 汉加尔

 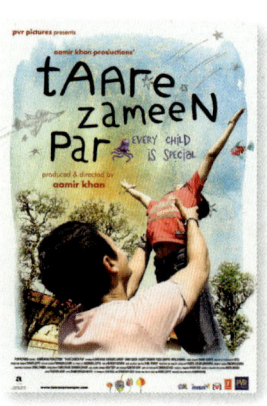  

（续表）

导演	制片人	原创故事	编剧/对白	配乐
A.R. 目房古多斯	泰戈尔·马杜、马杜·曼特纳·瓦尔马	A.R. 目房古多斯	A.R. 目房古多斯、皮尤什·米什拉（对白）	A.R. 拉赫曼
阿米尔·汗	阿米尔·汗	阿莫尔·古普特	阿莫尔·古普特	尚卡尔·埃赫桑·罗伊
库纳尔·科利	阿迪提亚·乔普拉、雅什·乔普拉	施巴尼·巴提贾	施巴尼·巴提贾	贾廷—拉利特
拉凯什·奥姆普拉卡西·梅赫拉	拉凯什·奥姆普拉卡西·梅赫拉、戴维·赖德、罗尼·斯克鲁瓦拉	卡姆利什·潘迪	拉凯什·奥姆普拉卡西·梅赫拉、伦齐尔·达席尔瓦	A.R. 拉赫曼
柯坦·梅赫塔	迪帕·萨希与鲍比·贝迪	法鲁克·德洪迪	法鲁克·德洪迪、兰吉特·卡普尔（印地语对白）	A.R. 拉赫曼
法尔汉·阿赫塔尔	里提什·西瓦尼、法尔汉·阿赫塔尔、普拉文·塔尔雷加（联合制片人）	法尔汉·阿赫塔尔、卡西姆·贾格马吉亚（联合故事创作）	法尔汉·阿赫塔尔	尚卡尔—埃赫桑—罗伊
阿素托史·哥瓦力克	阿米尔·汗	阿素托史·哥瓦力克	阿素托史·哥瓦力克、库马尔·戴夫、桑杰·达伊玛（编剧），K.P. 萨克塞纳（对白）	A.R. 拉赫曼

AAMIR KHAN

年份	片名	角色	合作演员
2000	《复仇的火焰》	基尚·帕莱	婷蔻·坎纳、费萨尔·汗、乔尼·里沃、阿斯拉尼、提库·塔尔萨尼亚、提努·维尔玛
1999	《大地》（《大地1947》）	迪尔·纳瓦兹	兰迪塔·达斯、库尔布尚、卡尔班达、基图·吉德瓦尼、拉格胡韦尔·亚达夫、拉胡尔·康纳、阿里夫·扎卡里亚
1999	《终成眷属》	德夫·卡兰·辛格	玛尼沙·柯伊拉拉、莎米拉·泰戈尔、迪普提·巴特娜迦、达里普·塔西尔、亚尼·卡普、拉妮·玛克赫吉
1999	《义无反顾》	高级警察阿贾伊·辛格·拉特胡德	纳萨鲁丁·沙、索娜丽·本达里、穆克什·里希、阿卡什·库拉纳、斯米塔·杰卡
1998	《古拉姆》	西达尔特	拉妮·玛克赫吉、米塔·瓦西史特、拉吉特·卡普尔、沙拉特·萨克塞纳、迪帕克·提卓瑞、达里普·塔西尔
1997	《爱》	拉贾	玖熹·查瓦拉、卡卓尔、阿贾耶·德乌干

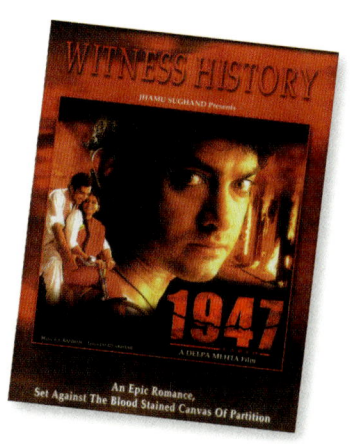

（续表）

导演	制片人	原创故事	编剧/对白	配乐
达尔米肖·达善	乌梅德·加因、拉克莎·密斯特里	达尔米肖·达善	罗宾·巴特、桑吉夫·杜加尔、尼拉杰·沃拉（编剧），达尔米肖·达善、尼拉杰·沃拉（对白）	阿努·马利克、苏伦德拉·索地
迪帕·梅塔	安妮·马森、迪帕·梅塔、戴维·汉密尔顿、杰哈姆·苏甘（执行制片人）	巴普希·席德瓦	迪帕·梅塔	A.R.拉赫曼
因德拉·库马尔	阿肖克·塔克里亚、因德拉·库马尔	努希尔·哈托尔（故事顾问）	阿提什·卡帕迪亚	达尔尚·拉特胡德、桑吉夫·拉特胡德、纳雷什·夏尔马
约翰·马修·马坦	约翰·马修·马坦	约翰·马修·马坦	约翰·马修·马坦（编剧），帕提克·瓦茨、赫里戴伊·拉尼（对白）	贾廷—拉利特
维克拉姆·巴特	穆克什·巴特	安朱姆·拉贾巴里	安朱姆·拉贾巴里	贾廷—拉利特
因德拉·库马尔	戈尔丹·坦瓦尼	普拉富·帕雷克、拉吉夫·考尔、努希尔·哈托尔（故事顾问）	普拉富·帕雷克、拉吉夫·考尔（编剧），坦维尔·汗（对白）	阿努·马利克

AAMIR KHAN

年份	片名	角色	合作演员
1996	《印度拉贾》	印度拉贾	卡瑞诗玛·卡普尔、苏雷什·欧贝罗伊、阿查娜·普兰、辛格、法丽达·贾拉尔、提库·塔尔萨尼亚、莫尼什·巴尔、库纳尔·赫姆、普拉德莫德·穆图、乔尼·里沃、娜芙尼特·尼尚、维尔鲁·克里希南
1995	《激情代价》	罗希特·库马尔	玛尼沙·柯伊拉拉、马斯特·阿迪尔、罗西尼·哈坦伽蒂、帕雷什·拉瓦尔、萨蒂什·沙阿、德文·维尔马、拉克什·罗斯汉、莎菲·因南达
1995	《艳光四射》	蒙纳	杰奇·史洛夫、乌尔米拉·马东卡、里玛·拉古、古尔山·格罗弗
1995	《恐怖是恐怖》	罗汉	拉吉尼坎斯、玖熹·查瓦拉、阿查纳·约格勒卡、卡伯·贝迪、欧姆·普瑞、普贾·贝迪、达里普·塔西尔、拉萨·默拉德、戈加·卡普尔
1995	《忠肝义胆》	阿马尔·达姆吉警官	玛塔·库卡尼、帕雷什·拉瓦尔、阿夫塔尔·吉尔、库尔布尚·卡尔班达、拉萨·默拉德、普尼特·伊萨尔
1994	《假假真真》	阿马尔·马诺哈尔	萨尔曼·汗、莱薇娜·谭登、卡瑞诗玛·卡普尔、帕雷什·拉瓦尔、马哈茂德、提库·塔尔萨尼亚

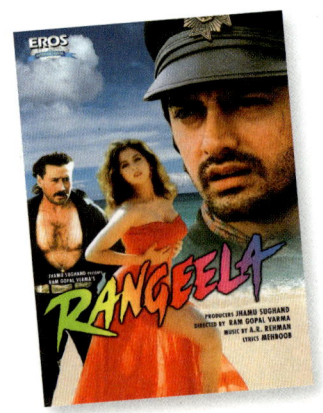

（续表）

导演	制片人	原创故事	编剧/对白	配乐
达尔米肖·达善	阿里·莫拉尼、卡里姆·莫拉尼、邦提·索尔玛	达尔米肖·达善	达尔米肖·达善、罗宾·巴特（编剧），贾韦德·西迪基（对白）	纳迪姆—施拉万
曼苏尔·汗	拉坦·贾殷	曼苏尔·汗	纳西尔·侯赛因	阿努·马利克
拉姆·戈帕尔·维马	拉姆·戈帕尔·维马	拉姆·戈帕尔·维马	桑贾伊·切尔、尼拉吉·沃拉	A.R.拉赫曼
迪利普·尚卡尔	曼加勒	迪利普·尚卡尔	伊克巴勒·杜兰尼（对白）	巴皮·拉希里、萨米尔·维巴斯
阿素托史·哥瓦力克	萨利姆·阿赫塔尔	阿素托史·哥瓦力克	阿素托史·哥瓦力克	阿努·马利克
拉杰库马尔·桑托希	维纳伊·库马尔·辛哈、尚蒂·辛哈（副制片人）	拉杰库马尔·桑托希	拉杰库马尔·桑托希（编剧及对白），迪利普·舒克拉（对白）	图沙尔·巴蒂亚

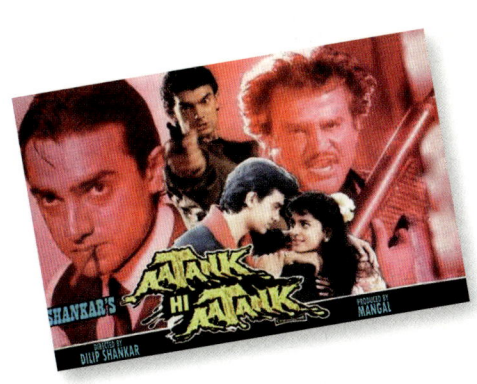
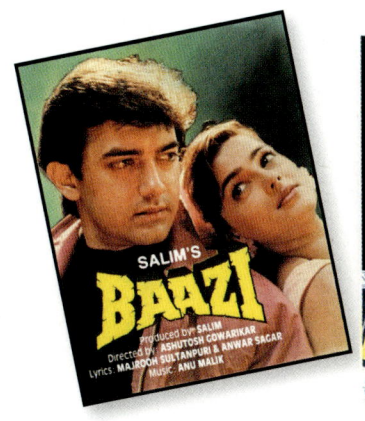
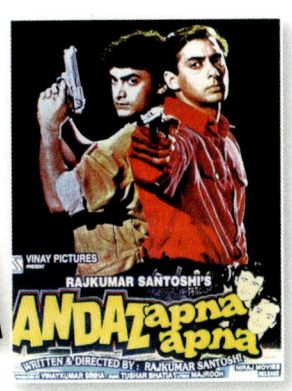

AAMIR KHAN

年份	片名	角色	合作演员
1993	《情牵一线》	拉胡尔·马尔霍特拉	玖熹·查瓦拉、马斯特·沙罗赫、库纳尔·赫姆、宝儿·阿诗拉法
1993	《传统》	兰比尔·普里特维·辛格	苏尼尔·达特、维诺德·康纳、阿努潘·凯尔、赛义夫·阿里·汗、莱薇娜·谭登、尼兰·科塔里、阿什维妮·巴威、拉姆亚·克里希南
1992	《这就是人生》	乔图	法拉·纳兹、阿斯拉尼
1992	《情比金坚》	桑杰拉尔·夏尔马	艾莎·朱尔卡、迪帕克·提卓瑞、库尔布山·卡班达、普贾·贝迪、马米克
1992	《情侣风尘》	拉杰什·乔杜里	玖熹·查瓦拉、莎菲·因南达、帕雷什·拉瓦尔、卡德尔·汗、基兰·库马尔、达里普·塔西尔
1991	《爱在旅途》	拉古·杰特雷	普嘉·巴特、阿努潘·凯尔、提库·塔尔萨尼亚、迪帕克·提卓瑞

（续表）

导演	制片人	原创故事	编剧/对白	配乐
马赫什·巴特	塔希尔·侯赛因、齐娜特·侯赛因（联合制片人）、拉杰·坎德瓦尔（执行制片人）	罗宾·巴特、苏伊特·塞恩	罗宾·巴特（脚本），阿米尔·汗（编剧及脚本）	纳迪姆—施拉万
雅什·乔普拉	菲罗兹·A.纳蒂亚瓦拉	哈尼·伊拉尼	哈尼·伊拉尼、阿迪提亚·乔普拉（编剧），拉海·麻苏姆·蕾萨、苏伦德拉·普拉卡什（对白）	希夫—哈里
卡利达斯	拉坦·慕克吉	马诺杰·米特拉	拉梅什·潘特	巴皮·拉希里
曼苏尔·汗	纳西尔·侯赛因	曼苏尔·汗	曼苏尔·汗（剧本），纳西尔·侯赛因（对白）	贾廷—拉利特
S.A.卡德尔	贾利勒·艾哈迈德	皮尤什·萨普鲁	纳瓦卜·阿尔祖（编剧），阿赫塔尔·苏海尔（对白）	阿南德—米林德
马赫什·巴特	古尔山·库马尔、穆克什·巴特（执行制片人）	罗宾·巴特	罗宾·巴特（编剧），沙拉德·乔希（对白）	纳迪姆—施拉万

AAMIR KHAN

年份	片名	角色	合作演员
1991	《爱的故事》	拉杰	尼兰、迪帕克·提卓瑞
1990	《青春万岁》	沙希·夏尔马	法拉·纳兹、贾韦德·贾弗里、乌特帕尔·达特、阿斯拉尼、苏诗玛·赛斯
1990	《为爱痴狂》	阿贾伊·夏尔马	玛杜丽·迪克西特、库什布、贾伊宁德拉
1990	《讲心不讲金》	拉贾·普拉萨德	玛杜丽·迪克西特、萨伊德·杰弗瑞、迪万·维尔马、阿努潘·凯尔、约翰尼·利弗
1990	《为了爱你》	希瓦	玖熹·查瓦拉、拉詹德拉纳斯·祖特施、阿吉特·瓦查尼、萨德希尔·潘代
1990	《真爱无敌》	桑尼	戴夫·安南、埃克塔·索希尼、阿迪亚·潘乔里、妮塔·普里、帕里卡沙特、萨赫尼、拉姆·莫汉

 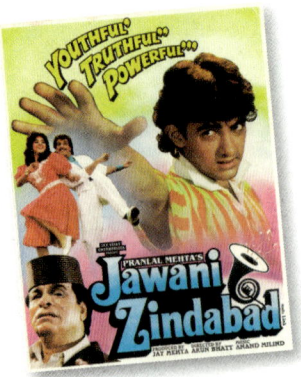 

（续表）

导演	制片人	原创故事	编剧/对白	配乐
M.R.沙贾汗	桑贾伊·塞克萨里亚、玛诺杰·塞克萨里亚	博诺·德布	博诺·德布（编剧）,拉梅什·潘特（对白）	巴皮·拉希里
阿伦·巴特	杰伊·梅赫塔	布尚·班马里	布尚·班马里（编剧）,拉海·麻苏姆·蕾萨（对白）	阿南德—米林德
Y.纳格什瓦·饶	阿吉特·帕肖塔姆、B.L.拉姆钱德（联合制片人）	M.帕尔韦兹	M.帕尔韦兹	阿南德—米林德
因德拉·库马尔	因德拉·库尔马、阿肖克·塔克里亚	普拉富尔·帕雷克、拉吉夫·考尔、努希尔·卡陶（故事顾问）	普拉富尔·帕雷克、拉吉夫·考尔（编剧）,卡姆利什·潘迪（对白）	阿南德—米林德
塔希尔·侯赛因	塔希尔·侯赛因、尼克哈特·汗、费萨尔·汗、祖赫拉夫人（联合制片人）	塔希尔·侯赛因、苏伦德拉·辛格	卡利姆·拉希（编剧）,马丹·乔希（对白）	阿南德—米林德
戴夫·安南	戴夫·安南	戴夫·安南	戴夫·安南	巴皮·拉希里

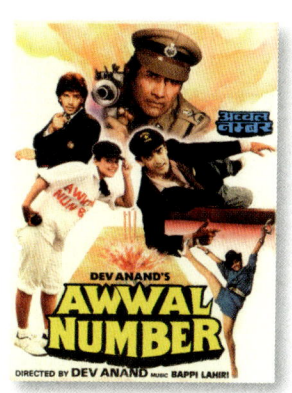

AAMIR KHAN

年份	片名	角色	合作演员
1989	《爱爱爱》	阿米特·维尔马	玖熹·查瓦拉、古尔山·格罗弗、达里普·塔西尔、拉萨·默拉德、欧姆·席夫普利
1989	《灰飞烟灭》	阿米尔·侯赛因	苏普丽亚·帕塔克、潘卡杰·卡普尔、娜依娜·巴尔萨维尔、贾格迪普
1988	《冷暖人间》	拉杰·辛格	玖熹·查瓦拉、瑞玛·拉古、达里普·塔西尔、阿洛克·纳特、拉詹德拉纳斯·祖特施、高加·卡普尔
1984	《胡里节》	马丹·夏尔马	纳萨鲁丁·沙、欧姆·普瑞、施里拉姆·拉古博士、阿素托史·哥瓦力克、迪普提·纳瓦尔、拉胡尔·拉纳德
1973	《西方的回忆》	小拉坦（童星）	达尔门德拉、泽尼特·阿曼、维贾伊·阿罗拉、阿吉特·汗、塔里克

2019年12月更新，不包括阿米尔·汗客串或特别出演的影片，也不包括他担任制片人但并未出演的作品，如《老鼠与猫》《自杀现场直播》等。

（续表）

导演	制片人	原创故事	编剧/对白	配乐
巴柏·沙巴	巴柏·沙巴	巴柏·沙巴	巴柏·沙巴	巴皮·拉希里
阿迪提亚·巴塔查亚	阿西夫·努尔	阿迪提亚·巴塔查亚	阿迪提亚·巴塔查亚（编剧），努扎特·汗（对白）	兰吉特·巴罗特
曼苏尔·汗	纳西尔·侯赛因	纳西尔·侯赛因	纳西尔·侯赛因	阿南德—米林德
柯坦·梅赫塔	Film Unit 制作公司	马赫什·埃尔孔奇瓦	马赫什·埃尔孔奇瓦、柯坦·梅赫塔（编剧），赫里戴伊·拉尼（对白）	拉贾特·多拉奇亚
纳西尔·侯赛因	纳西尔·侯赛因	萨利姆·贾韦德	萨利姆·贾韦德（编剧），纳西尔·侯赛因（对白）	拉胡尔·戴夫·伯曼

致　谢

本书中使用的内容和图片是以我所能获取到的多种来源、采访和参考资料为基础的。来自电影行业各个领域的人们也为我提供了很大的支持。

感谢拉贾特·夏尔马为本书撰写前言，并与我分享关于阿米尔为人的一些小细节。我要感谢所有为本书供稿的作者——拉乌夫·艾哈迈德、马扬克·谢卡尔、纳伦德拉·库斯努尔和维卡斯·昌德拉·辛哈，感谢他们的宝贵贡献与投入。感谢拉伊纳为阿米尔创作优美的诗歌。

感谢穆克什·巴特拉博士所提供的所有支持，以及巴拉克里希纳·皮莱（Spin Communique 公司）的宝贵建议。我还想向普丽扬卡·昌德拉－辛哈及朱希·S致谢，感谢她们为本书的编辑和写作提供的帮助。

我要向那些帮助我了解阿米尔的人感恩，他们是：演员兼导演因德拉·库马尔和约翰·马修·马坦，制片人阿肖克·塔克里亚，演员古山·格罗维，宣传设计师阿特马南德（Studio Link 公司）和拉胡尔·南达，专栏作家阿亚兹·梅农，画家 J.P. 辛格哈尔，时装设计师迪内希·辛格哈尔以及画家萨米尔·蒙达尔。

非常感谢我的摄影师同僚们——阿莫尔·康布勒、比迪莎·罗伊、杜尔加·普拉萨德、赫曼特·拉瓦特、萨钦·戈卡莱（Firstpost.com）、乌迈什·戈斯瓦米、Spice PR、迪诺迪亚图片社、马欣德拉、纳波尔娱乐私人有限公司以及《一周》杂志，感谢他们为我提供图片支持，还有电影史学家 S.M.M. 奥萨加与我分享了他档案库里收藏的图片。另外向阿肖克·达巴德、加内什·欣德和米森·辛格致敬，感谢他们提供的视觉资源。

艺术家帕尔托·查特吉和拉杰什·斯里瓦斯塔瓦专门为本书绘制了阿米尔的画像，衷心感谢他们的付出。

我特别感激我的出版商比卡什和图尔图尔·尼若吉，他们在制作本书的过程中表现出极大的热忱和耐心。肖尔亚·肖卡特·西尔卡尔值得特别一提，在他的编辑与调整之下，本书才有了现在的样子。

最后同样重要的是，我要向我的妻子薇娜·昌德拉表达谢意，她长期以来忍受我对阿米尔·汗的这份痴迷。